新しい保育講座 7

保育内容「健康」

河邉貴子・鈴木康弘・渡邉英則　編著

ミネルヴァ書房

「新しい保育講座」シリーズ刊行にあたって

1989（平成元）年の幼稚園教育要領の改訂に合わせて刊行された「保育講座」シリーズは，何回かの改訂を行いながらも，約30年の月日が過ぎようとしています。このように長く続いた理由として，「保育講座」シリーズでは，発刊当初から，子どもや保育のことをほとんど知らない学生や一般の人にも，できるだけわかりやすく，しかも保育の本質がイメージできるような編集方針を貫いてきたからともいえます。それは，作家・井上ひさしの言葉にあるように「むずかしいことをやさしく，やさしいことをふかく，ふかいことをおもしろく，おもしろいことをまじめに，まじめなことをゆかいに，そしてゆかいなことはあくまでゆかいに」保育を語ろうということでもありました。

この度，2017（平成29）年3月に幼稚園教育要領や保育所保育指針，幼保連携型認定こども園教育・保育要領が改訂（定）されたのを機に，この「保育講座」シリーズも新たに内容を見直すことになりました。改訂（定）そのものは，1989（平成元）年に大きく改訂された幼稚園教育要領の方向に沿ったもので，その原理，原則が大きく変わったわけではありません。

ただ，この30年の間に，保育，教育，そして子育てを取り巻く環境や状況は大きく変わりました。少子化が進み，家庭・地域の教育力が低下していく中で，国際的な乳幼児期への関心の高まりもあって，日本でも新たに幼保連携型認定こども園制度ができ，幼児教育の無償化も進むなど，幼稚園，保育所，認定こども園といった施設の種類にかかわらず，乳幼児期の保育・教育の重要性は飛躍的に高まってきています。

また小学校以上の学習指導要領も大きく改訂され，「アクティブ・ラーニング」という言葉に代表されるように，これまでの知識や技能を教える教育から，これからの時代を生きぬくことができる資質・能力を育成する教育へと大きく方向を変えようとしています。

このような時代に，保育者を志す学生が乳幼児期の教育・保育の基本について，何をどのように学ぶかはとても重要です。やみくもに知識の量を増やしていくという学び方ではなく，問いをもって自ら課題に取り組み，保育や幼児教育の基本を常に問い直し，保育者になった時に，その実践の場で生かせるような力をいかに獲得していくか，その学びが，「新しい保育講座」シリーズを通して獲得していけると信じています。このシリーズの本を手にしたすべての学生が，子どもたちのための保育を実現できる保育者になってくれることを切に願っています。

2018年3月

子どもと保育総合研究所代表　森上史朗　　ゆうゆうのもり幼保園園長　渡邉英則

はじめに

近年のグローバル化，情報化，高度技術化とともに，生活様式や価値観の多様化は，私たちの生活を大きく変えつつあります。大人の生活スタイルが大きく変わるなか，少子化が進む一方で，働く女性の増加とともに，待機児童問題が深刻化し，特に都市部では保育所を新設するだけでは足りず，様々な形で子どもを長時間預かる施設もできてきています。その結果，園庭のない園も多くあり，子どもが自由に自然と触れたり，体を動かす機会も失われていく傾向が強くなってきています。

また，子育てでは，インターネットや携帯端末の普及で，保護者はいろいろな子育て情報をすぐに手に入れられるようになった一方で，どう子どもとかかわったらよいかわからず，子育てに悩む保護者も増えてきています。経済的な貧困も増加傾向でありながら，親の愛情を十分受けられていないために起こる情緒的発達の遅れ（愛情の貧困）や，親のかかわりが薄いために陥る体験不足と知的育ちへの刺激不足（体験の貧困），適切な言葉かけを受けられる機会，考える機会が著しく少ないことによる言葉や思考力の遅れ（言葉の貧困）なども起こってきています（汐見稔幸『さあ，子どもたちの「未来」を話しませんか――2017年告示新指針・要領からのメッセージ』小学館，2017年，pp. 60–62）。

本書では，こうした子どもを取り巻く問題点も視野に入れながら，乳幼児期の主に「健康」における発達などの専門的事項については，第Ⅰ部で詳しく触れていきます。また実際の保育のなかで，どのように環境を構成し，子どもとかかわればよいのかについては，第Ⅱ部で触れていきます。

2017年に改訂（保育所保育指針は改定）された幼稚園教育要領や保育所保育指針，幼保連携型認定こども園教育・保育要領では，子どもたちが未来社会を切り拓くための資質・能力の一層確実な育成や，体験活動の重視，体育・健康に関する指導の充実による豊かな心や健やかな体の育成が求められました。また，小学校教育との円滑な接続が行われるように，「幼児期の終わりまでに育ってほしい姿」も示されました。特に，主に「健康」の領域に関する姿として，「健康な心と体」（幼稚園教育要領では「幼稚園生活の中で，充実感をもって自分のやりたいことに向かって心と体を十分に働かせ，見通しをもって行動し，自ら健康で安全な生活をつくり出すようになる」と記されている）が具体的な姿として示されました。

また改訂（定）では，領域「健康」に関して，見通しをもって行動することや，食べ物への興味や関心をもつことが「内容」に明示されました。また多様な動きを経験するなかで，体の動きを調整する重要性とともに，安全に関する指導についての重要性についても，「内容の取扱い」で並記されています。

このような子どもの成長を支えるには，保育者にとても高度な専門性が求められます。ただ，具体的な子どもの姿を通して，「子どもにとって」という問いをもってかかわることを意識すれば，決して難しいことではありません。本書を通して，これからの時代に，子どもが健康的に育つために，保育者はどんなことに興味や関心をもち，何を大事にして，子どもとの生活や遊びにかかわればよいかを考える機会になれば幸いです。

2020年２月

編著者を代表して　渡邉英則

もくじ

第４章　乳幼児期の食生活

第５章　乳幼児期の運動発達

第６章　乳幼児期の安全

第９章　食育にかかわる指導

第10章　運動遊びにかかわる指導

第11章　安全への配慮と子どもへの安全教育

第12章　領域「健康」にかかわる現代的課題と動向

各章写真提供：かえで幼稚園・清里聖ヨハネ保育園・ゆうゆうのもり幼保園

第 I 部

乳幼児期の発育発達と領域「健康」

第 1 章

保育の基本と領域「健康」

A 子は青空に身を投げ出すようにブランコを漕いでいます。A 子は，今，どんな気持ちで何を考えているでしょうか。「もし自分が A 子だったら」と想像し，できるだけたくさん書き出してみましょう。

「気持ちがいいなあ」「とんでいるみたい」「友だちが遊んでいるのがよく見える」「こんなに上手に立漕ぎができるようになった！」「みてみて」……などなど。A 子の気持ちや考えをたくさん書き出すことができましたか？

人間の子どもは歩行が可能になるまでに生後 1 年近くかかりますが，その 4 ～ 5 年後には，このようにブランコの立漕ぎができるくらいの運動技能が身につきます。この著しい身体の発達は，心の安定や好奇心の増大など，心の発達に支えられています。領域「健康」の保育内容を学ぶ時，最も大切なのは心と体の両面から子どもに必要な経験を考えることです。子どもの気持ちになって，つまり子どもの主体性を尊重して子どものよりよい健康的な生活とは何かを考えていきましょう。

1 保育の基本と健康

❶ 保育の原点

みなさんはテレビ等の映像で，動物の子どもが生まれてすぐに立ちあがろうとしている様子を見たことがあるでしょうか。多くの哺乳動物が自力で移動する身体能力をもって生まれてきますが，人間の子どもが自分で歩けるようになるには，１年近くかかります。実はここに保育の原点があります。

生物種としてのヒトの祖先は，諸説ありますが，およそ600万年ほど前に２足歩行を始めました。解放された前足が「手」として機能するようになり，道具を使用できるようになったことで，体の構造に大きな変化が起きました。一つは道具の使用によって脳が発達し頭部が大きくなったということ。もう一つは直立に応じて骨盤が狭く丸く変化したために産道が狭められたということです。その結果，子どもの身体機能が備わるまで胎内で育ててしまうと，頭部が大きくなりすぎて出産が困難になるという問題をはらむことになりました。そこでヒトは胎児の頭部が狭い産道を通れなくなる前に出産するように進化してきました。身体機能的には未熟なままヒトの子は生まれてくることを，A. ポルトマンは「生理的早産」と名づけました[1]。ここに広義の教育や保護がもたらす意味を見出すことができます。

子どもは生まれた瞬間から生命の維持や安全の確保のために親や周囲の人々による介助を必要とします。生まれた子どもを取り巻く大人，とりわけ親は子どもの命を守るために「世話をする」というかかわりが求められます。子どもは親や周囲の大人の愛情ある日常的なかかわりを受けることによって，安定した情緒を獲得し，生来的にもっている共感力と環境への適応能力を最大限に発揮します。世話を受ける側と世話をする側の応答的で安定的な関係を通して，世話を受ける側（子ども）は身体的な成長と同時に，人間としての精神機能や社会性，生まれてきた土地の文化や言葉などを獲得して

➡1　アドルフ・ポルトマン，高木正孝（訳）『人間はどこまで動物か——新しい人間像のために』岩波書店，1961年。

いきます。

親（養育者）と子どもとの応答的な関係は子どもの成長発達に必要不可欠であり，この関係は広義の意味で保育の原点であるといえます。

❷ 保育という営み

保育の原点は，身体的に未熟な子どもを守り育てる大人と子どもとの信頼に満ちた関係性にあります。この原点を踏まえた上で保育施設における「保育」について考えてみましょう。

保育とは「養護及び教育を一体的に行う」ものであり，保育所，幼稚園，認定こども園といった就学前の子どもが通う施設の全てで行われる営みを指します。ここでいう養護とは，子どもの生命の保持及び情緒の安定を図るために保育者が行う援助やかかわりのことであり，保育所保育指針ではこの２つの柱に対してねらいと内容を設定しています。

幼稚園は学校教育法に基づく「学校」ですから，そこでの営みは「幼児教育」とも呼ばれますが，学校教育法第22条には「幼稚園は，（中略）幼児を保育し，幼児の健やかな成長のために適当な環境を与えて，その心身の発達を助長することを目的とする」と記されています。小学校については同法第29条に「小学校は，心身の発達に応じて，義務教育として行われる普通教育のうち基礎的なものを施すことを目的とする」とあり，「保育」という言葉は使われていません。「保育」は義務教育及びその後の教育の基盤を培う幼児教育の独自性を表す言葉なのです。子どもは幼児期にふさわしい生活のなかで安定した情緒を獲得し，興味関心をもった環境や他者にかかわることによって生きる上で必要な価値や知識，技能を身につけていきます。むしろ，興味関心をもったものにかかわることによってしか学ばないといった方がよいかもしれません。このような学び方は安定した情緒の下で情動が動き，主体的に行動することによって成り立ちます。ゆえに幼児教育においては養護と教育の一体を表す「保育」という言葉が適しているのです。

また，「心身の発達」という言葉に表されているように，子どもの心の発達（情緒の安定や知的好奇心の芽生え，他者への関心等）と体の育ちは一体です。これは本書で学ぶ「領域『健康』」の考え方の基本といえます。

❸ 保育の基本と保育者の役割

① 信頼関係を築くこと

E. H. エリクソンは，人の一生を８つの発達段階に区分し，その時々に大切な発達課題があると論じ，乳児期の発達課題は基本的信頼感の獲得であるとしました[⇨2]。乳児は養育者（特に母親）から母乳（あるいはミルク）を与えられ，おむつを替えてもらいながら，身体的な心地よさと同時に，自分は愛され，受け入れられているという安心感を得ます。このことは他者に受け入れられる自分は価値のある存在なのだという自分への信頼感へとつながります。そして，自分への信頼感は次の幼児前期の発達課題である自律のベースになり，そのまた次の幼児後期の発達課題である積極性へとつながっていきます。長い人生を主体的に生き抜くために，乳幼児期の発達課題を乗り越え獲得していくことは極めて重要です。

⇨2　E. H. エリクソン，仁科弥生（訳）『幼児期と社会１』みすず書房，1977年。

信頼関係は子どもと大人の双方向的かつ共感的なかかわりによって培われます。ヒトは生まれながらにして高い共感性をもっていることが発達心理学の研究で明らかになっています。例えば次のような研究があります。生後半年未満の子どもに丸い形のイラストが山を登っている映像を見せます。それを助けようとする三角形と，それを阻止し落とそうとする四角形（全ての図形に目がついています）が登場します。すると生後３か月の子どもでさえ，親切な三角形を好み，意地悪な四角形を嫌うというのです。この結果から小さい子どもでも他者との協力関係を心地よいと感じ，誰もが満足する方向を目指したいと思っているということが明らかになりました。

信頼関係を築くというと大人から子どもへの一方向のベクトルに着目しがちですが，前述の研究で明らかになったように，子どもの方も共感をもって大人のかかわりを受けとめたり，大人からかかわりを引き出したりします。園は子どもたちが初めて出会う社会です。子どもとの暮らしのなかで互いに共感し合える場面を大切にし，子どもの言動を肯定的に受けとめることによって信頼関係は築かれていきます。

② 子どもの育ちを読み取ること

保育者との共感的で応答的なかかわりによって得られる安定した情緒の下で，子どもは自分の興味関心をもったものに能動的にアプローチしていくようになります。興味関心をもつということは心が動き，そのことを知りたい触れたい試したいと思うことですから，子どもの成長欲求の最先端の現れであるといえるでしょう。つまり，子どもの主体的な行動のなかには今まさに伸びようとしている力や資質が背後にあるし，まだ十分に育ちきれていない側面も垣間見られます。そこで保育者は，まず環境や他者にかかわる子どもの姿のなかに育ちを読み取り，次に必要な経験は何かを考えます。事例を通して考えてみましょう。

Episode 1　「怖いと思ったら逆の意識を働かせて！」(幼稚園４歳児，10月)

園庭に２階建てログハウスがあります。２階に上がるための階段は設置されておらず，そこに上がるには２階の入口空間から垂れ下がっているロープを使わなければなりません。揺れるロープを手繰りながら登って行くのは容易ではありません。

４人の女児がログハウスに集まっています。３人はすでに登ることができ，挑戦中のＡ児を励ましています。Ｃ・Ｄ児はロープが揺れないようにロープ下から引っ張っています。Ｂ児は２階に登ってＡ児に手を伸ばしながら，次のように励ましました。「Ａちゃん，怖い？　怖いと思うと怖いから，怖くないって逆の意識を働かせて！」。その後Ａ児が登りきると，３人は自分のことのように喜び合っていました。

Ｂ児の大人顔負けの発言に思わず笑ってしまいますが，４人の姿のなかに様々な育ちを読み取ることができます。まずは揺れて垂れ下がるロープをよじ登ることができる運動技能と能力です。やりたいと思ったことに取り組み，諦めずに取り組もうとする積極性や粘り強さもみられます。安全を確保しながら挑戦しようとする姿も読み取ることができます。また，友だち同士励まし合う社会性の育ちや，相手を信頼して身を委ねることができる安心感や相手の技能に合わせて自分ができる手助けは何かを考えて実行する力も育っています。Ｂ児の語彙力に驚かされますが，難しい言葉を知っているからというよりも，Ｂ児自身がそのような気持ちでロープ登りに挑戦していたという自分の体験を，的確に言語化して他者に伝えようとしていることに大きな育ちを感じます。

Work 1　育ちの読み取りの観点を見つけよう

Episode 1の子どもの姿から育ちを読み取ってみましたが，それはどのような観点から考えられたものか推察してみてください。

心が動くと体も動くように子どもの発達とは全人的なものですから，様々な経験が関連し合って子どもの育ちを促します。だからといって子どもを全体的に見ていたのでは育ちを読み取ることはできませんので，何らかの観点が必要です。

そこで，幼稚園教育要領や保育所保育指針，幼保連携型認定こども園教育・保育領域では，子どもの発達を読み取る観点（窓口）として，「健康」「人間関係」「環境」「言葉」「表現」の５つからなる５領域を示しています[3]。Episode 1を今一度読み，５つの領域のそれぞれの「ねらい」から子どもの育ちを読み解いてみてください。運動技能の育ちや様々な動きへの挑戦は領域「健康」の窓口から，ロープ登りをめぐる友だちとのかかわりは領域「人間関係」の窓口から，ロープをピンと張ると登りやすいというような概念は領域「環境」の窓口から，Ａ児に対する子どもたちの発言には領域「言葉」の窓口から，その行動の意味を理解することができるでしょう。

2017年改訂の幼稚園教育要領等には小学校との連携を見据えて「幼児期の終わりまでに育ってほしい姿」が示されました[4]。いわゆる「10の姿」といわれるものです。「ロープをよじ登る」という行為は一見すると健康にかかわる行動のように見えますが，エピソードを「10の姿」に照らし合わせてみると，実に様々な経験がそこに含まれていることに気づかされるでしょう。

子どもを理解する力は保育者にとって最も重要な専門性であり，保育の営みは子ども理解から始まります。本書は領域「健康」のテキストですから，領域「健康」にしぼって保育者の専門性を挙げるならば，乳幼児期の健康に関する課題を理解するとともに，健康の発達的意味を理解することです。そして，子どもが心身共に健康な生活を送るためにどのような環境が必要で，何ができるかを考えていかなければなりません。年齢が小さければ小さいほど「養護」に対する理解を深め，子どもにふさわしい生活を展開するなかで「養護」と「教育」の一体的な営みとは何であるかを考える必要があるでしょう。

➡3　「領域」のねらいや内容など，詳しくは第７章を参照してください。

➡4　2017年改訂の幼稚園教育要領等において，「幼児期の終わりまでに育ってほしい姿」として10項目の姿が挙げられました。これらは「幼児期の終わりまで」という表現にあるように，次の段階である小学校へつなぐ育ちの姿を示したものですが，方向目標であって到達目標ではありません。領域「健康」が目指す保育内容と密接な関係にあるのは「健康な心と体」という項目です。具体的な姿は次のように示されています。

「幼稚園生活の中で，充実感をもって自分のやりたいことに向かって心と体を十分に働かせ，見通しをもって行動し，自ら健康で安全な生活をつくり出すようになる」。

このような姿は一朝一夕で育まれるものではなく，乳児期の安定した生活が基盤となり，主体性が尊重される充実した生活や遊びを通して育まれるのです。

詳しくは第７章，第12章を参照してください。

③ 幼児期にふさわしい生活を展開すること

子どもは誕生からの６年の間に身体的に著しい発達を遂げます。特に人生最初の１年の間に寝返り，ハイハイ，つかまり立ち，伝い歩き，そして歩行へと自力で移動する能力を獲得します。驚異的な進歩ですが，それは身体機能の自然発達と，体の動きを動機づける情動との両輪によってなし遂げられます。例えば興味をもった玩具を手で摑みたいと思って手を伸ばす，大好きなお母さんを追いかけたくてハイハイをする，というように。情動が動くことによって，体の動きが誘発されるのです。そしてまた，自らの体をコントロールできるようになればなるほど，自分の興味関心をもった環境にアプローチしていくことが可能となり，知的好奇心や能動性，他者への関心などが高まっていくことになります。

だとすれば幼児期にふさわしい生活とは，大人が一方的に何かを教えたり与えたりして展開する生活ではなく，子どもが自ら心と体を動かすことによって様々な体験を積み重ねていく生活といえるでしょう。子どもの心と体が動く時とはどんな時でしょうか。いうまでもなく，それは「遊び」です。遊びは子どもが環境に主体的にかかわることによって生み出す発意としての活動です。大人は子どもが安定した情緒の下で十分に遊べる時間，空間，環境を保障する必要があるでしょう。子どもは遊ぶことによって身の回りの世界を知り，また，同世代の他者との関係を深めていきます。遊びは乳幼児期における重要な学習であり，この考え方は我が国の保育が100年以上にわたって追究してきた基本です。

④ 遊びの充実を目指した環境を構成すること

保育者の役割は子どもが生活や遊びを通して発達に必要な経験を積み重ねていかれるように助けることです。そのために遊ぶ子どもの姿から次に必要な経験は何かを長期・短期に考えて，その延長上に援助の可能性を探ります。そして子どもの発達を助けるために必要な環境を用意します。事例を通して具体的に考えてみましょう。

Episode 2　かけっこからスキージャンプへ[⇨5]（幼稚園３歳児，２月）

庭の隅で，Ａ児ら３人がかけっこをしようとしています。保育者は３人一緒にスタートして走る楽しさを味わってほしいと考え，「Ａ選手，スタートラインにつきました」と実況中継のような声をかけてみました。そのうちに３人は築山の上から走り出し，「スキージャンプみたい」と言い出しました。冬季オリンピックのイメージが浮かんだのでしょう。そのおもしろさはたちまち伝わり，すぐに数人が並んで順番を待つようになりました。人数が増えてきたので，保育者は並ぶための白線を２本引きました。するとジャンプ台らしさが増し，イメージが明確になったのか駆け下りるだけでなく，ぴょんと一度ジャンプしてから走ったり，スタートのポーズを真似て両腕を後ろに反らせたりする子も出てきて，しばらくスキージャンプごっこが続きました。

➡5　このエピソードは青鹿むつみ・河邉貴子「遊びの育ちを見つめる――遊びこそアクティブラーニング」『保育ナビ（７月号）』**9**（４），2018年，pp. 52-54をもとに筆者がまとめました。

築山を駆け下りる子どもの心のなかは「オリンピックの選手のつもり」でいっぱいだったでしょう。心が動くと体も動きます。そしてまた動いているうちに「もっとこうしたい」と心が動きます。年齢が小さければ小さいほど心と体の動きは連動しています。幼児期の終わりまでに「健康な心と体」を育てたいと思ったら，ある特定の運動を指導する方法をとるのではなく，まずは子どもの動きたくなる気持ちを大事にすることです。子どもは心が弾むことによって知らず知らずのうちに少し難しい動作に挑戦していきますし，もっとやってみたいという心情や意欲も育ちます。保育者の援助は，

・心がわくわくし，動きが自然に引き出されるような声かけをする
・子どもと一緒に自分も動いて体を動かす楽しさを共有する
・子どものやりたい思いをくみとり，その思いが高まるような環境の構成（白線など）を行う

というものでした。直接的な援助に加えて築山という環境や，それをスキージャンプ台に見立てる環境を通した援助によって，遊びのおもしろさが視覚的に他児に伝わりやすくなりました。３歳児の終わりにみられる「友だちと同じ動きをしたり同じ場で遊んだりすることを喜ぶ」という育ちに即した理解と援助だといえるでしょう。

環境の構成というと何かモノを配置すればよいと思うかもしれませんが，ただ単にモノを置くだけで子どもの生活や遊びが豊かになるわけではありません。子どもの遊びが充実するための環境を考えるためには，いくつかの層を設定する必要があるでしょう。

第一の層は子どもを包み込む空気感のようなものです。保育者が醸し出す温かい雰囲気や園舎の構造が生み出す温かい空気感は，目には見えませんが子どもを包み込み，子どもの緊張を解きます。子どもは自由感やゆったりとした感覚を得ることによって能動的に動くことができるのです。第二の層は遊びに対する意欲を引き出す具

体的な環境です。子どもは魅力的な対象（モノや出来事など）に出合うと主体的にかかわり，対象に没頭する経験を積み重ねます。そうすることによって対象のもつ潜在的可能性に気づいていきます。遊びに応じて遊具や素材を構成したり再構成したりする行為はこの層にあたります。第三の層は子どもに遊びの経験をフィードバックさせ意味づける環境です。近年，子どもの遊ぶ姿を「ラーニングストーリー」として記録する園が増えています。子ども自身も自分の遊ぶ姿の写真を見ることによって，出来事を想起したり，比較したりして遊ぶ意欲をさらに高めます。多層的に環境を整え，子どもたちの遊びが充実するように援助することが求められます。

2　領域「健康」とは

❶ 領域「健康」の特徴

次のクイズをスタートに領域「健康」のもつ特徴について考えてみましょう。

Work 2　言葉遊びクイズ

その漢字を「健康」の前につけるとある意味をもつけれど，他の領域（「人間関係」「環境」「言葉」「表現」）の前にはつかない漢字一文字とは何でしょうか。

クイズの答えは見つかりましたか？　いくつかの漢字が思い浮かぶと思いますが，その一つは「不」です。

「健康」という言葉の前に「不」をつけると「不健康」という言葉になります。次にその他の４つの領域に「不」をつけてみてください。「不人間関係」という言葉は存在しませんし，「不環境」という言葉もありません。他の領域の名称に「不」という漢字をつけてみても言葉として成立しないことがわかります。このことは何を意味するのでしょうか。

「健康」といえば，人が暮らしていく上での望ましい状態を示しますし，「不健康」という言葉からは身体の健康が優れないだけでなく生活や心の問題も浮き彫りになるような気がします。健康という言葉そのものに望ましい方向性や価値が含まれているからではないでしょうか。

保育所保育指針解説第３章「健康及び安全」には保育の基本とは「子どもの生命と心の安定が保たれ，健やかな生活が確立されること」（p. 303）と押さえられています。そして，「一人一人の子どもの健康状態や発育及び発達の状態に応じ，子どもの心身の健康の保持と増進を図り，危険な状態の回避等に努めることが大切である」（p. 303）とあります。生まれてきた子どもの生命を保持するために最善を尽くし，その心身の発達を支えることは大人の役割です。保育は子どもの心と体の健康と安全を欠いては成立しないのです。この意味において，領域「健康」で示されるねらいや内容は，保育という営みのベースとなるものといえるでしょう。

❷ 健康にかかわる保育内容

2017年に告示された保育所保育指針では子どもの発達を「乳児保育」「１歳以上３歳未満児」「３歳以上児」の３つに区分して保育内容を定めており，「３歳以上児」の保育内容は幼稚園教育要領に準じています。それぞれの年齢の発達の特性に応じて「ねらい及び内容」が設定されているわけですが，これらの区分と体の発達の特性は分かちがたい関係にあります。なお，１歳以上の発達については５領域が示されていますが，乳児保育においては５領域を踏まえつつ，それぞれの重なりも大きくより密接に関連していることから「３つの視点[6]」として保育内容が示されています。

➡６　身体的発達に関する視点「健やかに伸び伸びと育つ」，社会的発達に関する視点「身近な人と気持ちが通じ合う」，そして精神的発達に関する視点「身近なものと関わり感性が育つ」の３つです。

① 乳児保育

この区分では基本的事項として「乳児期の発達については，視覚，聴覚などの感覚や，座る，はう，歩くなどの運動機能が著しく発達し」と押さえられていて，体の発達がこの時期の大切な課題であることが示されています。この時期には３つの視点が柱として定められていますが，そのうちの一つが「健やかに伸び伸びと育つ」という健康に関するものです。さらに具体的に次の３つがねらいとして示されています。

①身体感覚が育ち，快適な環境に心地よさを感じる。
②伸び伸びと体を動かし，はう，歩くなどの運動をしようとする。
③食事，睡眠等の生活のリズムの感覚が芽生える。

子どもの健康は正しい生活リズムによって培われます。生活リズムは「運動」「食事」「睡眠等の休息」の３つの要素が関連しあって形成されますが，これらがその後の生きる力の基盤となることは明らかです。

② １歳以上３歳未満児

この時期の身体的運動的特徴は，走る，跳ぶなどの基本的運動機能が次第に発達し，食事や衣類の着脱など大人の助けを得ながらも自分でしようとするようになります。領域「健康」では「健康な心と体を育て，自ら健康で安全な生活をつくり出す力を養う」ことが目指されています。自力で移動し，自分の体をある程度コントロールできるようになるということが精神的自立も引き出します。もちろん，まだまだ多くのことを大人が助けなければなりませんが，依存から自立への意識が高まっていく時期で，できなくても自分でやりたがります。保育者は子どもの安心と安全を保障しながら，自分でしようとする気持ちを尊重し，愛情をもって応答的にかかわることが必要です。具体的なねらいは以下のとおりです。

①明るく伸び伸びと生活し，自分から体を動かすことを楽しむ。
②自分の体を十分に動かし，様々な動きをしようとする。
③健康，安全な生活に必要な習慣に気付き，自分でしてみようとする気持ちが育つ。

③ ３歳以上児（幼稚園教育要領と同じ）

幼児は６歳までに基本的運動技能のほとんどを獲得するといわれています。清潔，食事，排泄等の日常生活に必要な基本的な生活習慣もほぼ自立し，必要な生活行動を自分で行えるようになります。これによって自信が深まり，自己の存在感や充実感が深まっていくのです。友だちと協働しながら多様な遊びを楽しむようにもなり，就学直前には見通しをもって生活しようとするまでに育ちます。ねらいは，上述の１歳から３歳未満児までで押さえられていた３つのねらいをさらに深めるものとなっています。

①明るく伸び伸びと行動し，充実感を味わう。
②自分の体を十分に動かし，進んで運動しようとする。
③健康，安全な生活に必要な習慣や態度を身に付け，見通しをもって行動する。

Work 3　具体的な行動を思い描いてみよう

1歳以上3歳未満児までの3つのねらいと，3歳以上児の3つのねらいを比較し，表記の違いから考えられる発達の違いを考えてみましょう。その上で3歳以上児の生活を想像し，具体的な姿をイメージしてみましょう。

実際に保育の現場を訪問したり，観察実習の時に出会った子どもの姿を思い起こしてください。ちなみに「幼児期の終わりまでに育ってほしい姿」には次のように押さえられています。

保育所の[7]生活の中で，充実感をもって自分のやりたいことに向かって心と体を十分に働かせ，見通しをもって行動し，自ら健康で安全な生活をつくり出すようになる。

➡7　保育所保育指針で「保育所の」と記載されているところは，幼稚園教育要領では「幼稚園」，幼保連携型認定こども園教育・保育要領では「幼保連携型認定こども園における」と記載されています。

❸ 幼稚園教育要領にみる領域「健康」の変遷

1989（平成元）年以降，幼稚園教育要領はおよそ10年に１度改訂されてきました。改訂の基本はその時代の社会状況，社会環境の変化によって引き起こされる子どもの育ちの変化，あるいは家庭における子育て観の変化に即して設定されるもので，記述の変遷をみることによって，その時代の子どもの様相と，保育において何が大切にされてきたかを知ることができます。

① 1989年以前

1989年までのおよそ25年間，長く幼稚園教育要領は改訂されませんでした。1989年以前の幼稚園教育要領は，「健康」「社会」「自然」「言語」「音楽リズム」「絵画製作」の６領域で構成されていました。1956（昭和31）年告示版の領域「健康」では，望ましい経験として

「健康生活のためのよい習慣をつける」とし，「清潔」「食事」「排便」「衣服」「運動」「休息」の項目が設定されて，かなり細かい行動が示されていました。例えば「皮膚・髪の毛・つめなどをきれいにする」「仕事や遊びのあと，よごれた手足や顔をきれいにする」といったものです。戦後間もない時期から1955（昭和30）年初頭までの間，我が国の子どもの成長の最も重要な課題は，十分な栄養の確保と清潔な生活の確立だったのです。このような時代背景が記述から推測されます。

1964（昭和39）年版では教育内容が精選され，幼稚園修了までに達成することが「望ましいねらい」が示されました。領域が６つであることは変わりませんでしたが，指導にあたっての留意事項が示され，常に家庭と連絡を密にし，幼児の年齢や発達の程度に応じて季節や時期などを考慮し，健康な生活に必要な基礎的な習慣や態度を適切な機会を捉えて繰り返し指導していくよう示されています。

各領域には目標を達成するための「望ましい経験」が示されていましたので，領域はある特定の経験（活動）と結びつきやすいという問題を生じさせました。これによって小学校の教科学習を前倒しするような保育も行われるようになり，見直しが求められました。

② 1989年以降

抜本的に見直され，子どもの主体性を尊重する保育が明示されたのは1989年の改訂です。「教師主導の保育から子ども中心の保育へ」と転換がはかられ，幼児教育は「環境を通した教育」を基本とすることが示されました。領域の考え方も刷新され，「望ましい経験」としての領域ではなく，「子どもの発達を読み取る窓口」として設定されました。

領域「健康」は心身の健康に関する領域であり，しなやかな心と体の発達を促すという観点から子どもの育ちをみます。保育内容もそれまでは「不潔なものを口に入れず，ハンカチ，手ぬぐいなどは自分のものを使う」といったように身につけさせたい具体的行動を挙げていましたが，この改訂版では「身の回りを清潔にし，衣服の着脱，食事，排泄など生活に必要な活動を自分でする」といったように，子どもの意欲や自立心を育てることと一体的な表現になりました。

また家庭での経験の違いが著しくなってきたことから，園生活と家庭生活との連続性を確保するために，家庭との連携が強調されるようになりました。

最新の改訂版は2017年に告示されたものです。変化が急速で予測が困難な時代といわれる21世紀において，子どもたちに求められるのは様々な変化に積極的に向き合い，他者と協働して課題を解決していく資質・能力といわれています。このような状況を背景に教育全体の改革が進められました。幼児教育はその後の教育の基盤を培うことが求められ，小学校以降の教育とのより一層の連携を図るように求められています。領域「健康」においても，より主体的な子どもを育成することを目指して，見通しをもって行動することが「ねらい」に新たに加えられました。

また，社会環境の変化によって戸外で遊ぶ機会がますます減少している実態から，2012年には「幼児期運動指針」が出されましたので，「内容の取扱い」のなかに多様な動きの経験が必要であることが示されました。

❹ 家庭と連携しながら

子どもの生命の安全を守り健康な発育発達を支えることは，その後の人生を支える土台を培うことといっても過言ではありません。乳幼児期に活動，睡眠，食の３つの要素によって形成される安定した生活リズムを定着させることは極めて重要です。ただしこれは園生活だけで保障できるものではありません。子どもの１日24時間は家庭生活と園生活，あるいはその他の時間の総体で成り立ちます。生活が乳幼児期にふさわしいものとなるためには家庭と緊密に連携していかなければならないのです。

その際，保育者には子どもの体と心の発達について専門的知識をもち，望ましい生活のあり方を保護者と共に考える力も求められます。領域健康のなかで考えなければならない保育内容は多様です。キーワードを挙げますので，第２章以降で学びを深めてください。

・乳幼児期の身体の発達と運動発達
・乳幼児期の生活習慣の発達と自立
・乳幼児期の食生活と食習慣の獲得
・乳幼児期の安全と健康の習慣の獲得

Book Guide

・アドルフ・ポルトマン，高木正孝（訳）『人間はどこまで動物か――新しい人間像のために』岩波書店，1961年。

動物学者であるポルトマンが，社会学や心理学の視点などを取り入れて，学際的に人間の進化を説いた本です。人間の子どもが，なぜ保護や教育を特に必要とするのかがわかります。

・佐伯胖（編）『共感――育ち合う保育のなかで』ミネルヴァ書房，2007年。

本書は一貫して「共感」を発達の軸に据え，様々な場面で子どもたちがどのような共感力を発揮するかを明らかにし，保育とは子どもと保育者が共に育ち合う場であるという保育観を提示しています。

・文部科学省「幼児期運動指針ハンドブック」2012年。

幼児の運動の機会の減少を問題としてまとめられたハンドブックです。幼児期に体を動かすことの重要性を理論的に押さえた上で，運動の機会をどのように確保し，保育内容としてどう位置づけるかが具体的に示されています。

Exercise

1. 0歳から6歳までの体の発達をまとめ，その発達を助ける環境とは何かを考えてみましょう。
2. 乳幼児期に経験させたい多様な動きとは何か，具体的な行動を挙げ，日常生活のどのような場面でその動きを獲得することができるかをまとめてみましょう。

第 2 章

乳幼児期の身体の発達と健康

写真は保育者に身長を測ってもらっている女の子の様子です。髪の毛が束ねてあって正確には測れないかもしれませんが，女の子の表情はとても楽しそうです。幼児にとって身長が高くなるとは，どんな気持ちなのでしょうか？　自分の小さい頃も振り返って，子どもの気持ちを考えてみてください。

子どもが健康に成長しているということを一番実感できるのは，身長が高くなったり体重がどれだけ増えてきたかという変化が見える時かもしれません。食が細くあまり食べられなかったり，睡眠がうまくとれない場合など，子どもに悪影響が起こっている状態では，特に年齢の低い乳幼児では，身長や体重の変化として敏感に現れてくることが多いです。

また，子どもは自分が愛されていないと感じている時には，表情も曇りがちで，遊びでも元気がないように感じる場合もあります。身体測定とは，単に身長や体重を測るだけでなく，子どもの心身の健康をみる大事な場面ともいえるのです。

この写真を見ると，女の子も保育者も身体測定をすることがとても楽しそうです。子どもにとって，自分が大きくなることはとてもうれしいことですし，まして，身近にいる保育者が身長を測って自分がどれだけ大きくなったかを確かめてくれるような機会は，子どもにとってとても待ち遠しいことであったと思います。頭のちょんまげが，身体測定には邪魔になりますが，そのことも含め，保育者と身体測定をすることが楽しいのでしょう。

領域「健康」では，子どもの身体的発達を取り扱いますが，機械的に正確に身体測定をして，ただ子どもの身体の変化を確認すればよいということではありません。保育者との信頼関係を築いていくことの方が，子どもの身体的発達に大きく影響する場合もあります。この章では，子どもの心身の健康について，専門的な知識や保育者の役割について考えてみたいと思います。

1 身体の形態的発達

❶ 身長と体重の発育

人の出生時の身長はおよそ50cm です。これが１歳頃にはおよそ1.5倍の75cm，５歳頃にはおよそ２倍の100cm 以上になります。一生のうち身長が急速に伸びる時期は２回あり，生後１歳頃と小学校から中学校の時期とされています。

一方，体重は出生時にはおよそ3,000g です。生後３～５日頃に一旦減少した後，生後３か月にはおよそ２倍の６kg，１歳でおよそ３倍の９kg，５歳にはおよそ６倍の18kgになります。生後３～５日頃にみられる体重の減少は生理的体重減少または初期体重減少といい，水分や栄養摂取量が排泄等を下回るためで，生後７日頃には出生時体重に戻ります。

身長や体重の発育には主に遺伝，環境，栄養の要因が関係しています。生まれてから５歳になる５年くらいの間に身長が２倍，体重は６倍にもなりますが，私たち大人が今から５年後，身長が２倍，体重が６倍になる姿を想像できるでしょうか。人の一生でこれほど大きくなるのはこの時期だけです。言い方を変えれば，この発育を促すための十分な栄養と適切な環境が必要であるといえます。

身長体重からカウプ指数[1]を求める方法があります。カウプ指数は，やせや肥満の判定に用いられ，生活環境や生活習慣の改善を図るための指標にもなります。

発育速度は器官によって異なります。図２-１は体の組織を発育によって４つの型（一般型，神経系型，リンパ系型，生殖器型）に分類し，20歳（成熟時）の体の発育を100%として各年齢の値を割合で示したものです。

一般型は身長や体重に代表される分類で，乳幼児期に急速に発育し，その後緩やかになり，思春期に第二の成長期があります。神経系型は，乳児期に最も急速に発育し，２歳で約60%，４歳で約80%，６～７歳で約90%になり，他の発育型に比べて乳幼児期の発育が最

➡1　カウプ指数は，体重(kg)／身長(m)^{2}で求め，発育を判定します。成人ではBMI（body mass index）が用いられ，カウプ指数と同じ式で求められます。成人ではBMIが22になる時の体重が標準体重で，最も病気になりにくい状態とされます。日本肥満学会が定めた基準では18.5以上25未満が普通体重とされています。

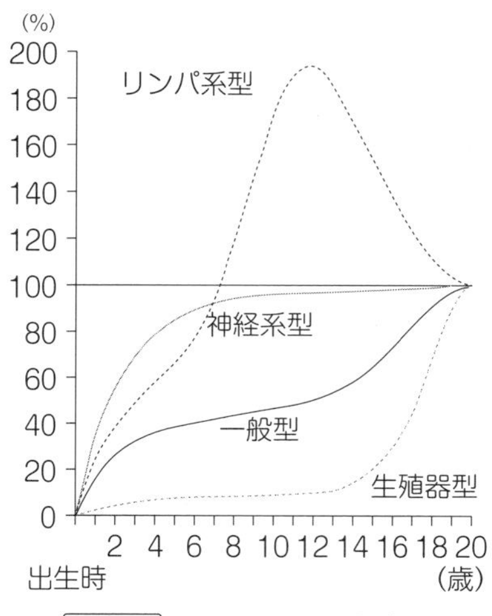

図2－1　スキャモンの発育型

出所：榊原洋一（監修），小林美由紀『これならわかる！　子どもの保健演習ノート（改訂第３版）』診断と治療社，2016年，p. 16より作成。

も著しいといえます。このことから，６～７歳くらいまでが感覚(知覚）と運動の協応動作である運動コントロール能力を向上させるのに最適な時期とされています。リンパ系型（免疫系）は学童期に最も活発となり，その後落ち着きます。学童期にかぜをひくと扁桃腺が腫れやすいのは，この時期の過剰な発育によるものです。生殖器型の発育は最も遅く，思春期になって急速に発育，一般的には女子の方が男子より早く成長します。

❷ 体の比率と重心の位置

子どもは身長や体重が大人に比べて小さいだけでなく，体の比率（頭部の大きさと体全体の比率）も大人とは異なっています（図２－２）。頭の大きさを１とした時，大人はおよそ８頭身ですが，出生時は４頭身，６歳でも６頭身です。子どもは大人と比べて頭でっかちで，手足が短く，重心も高い位置にあります。頭が大きく重心の位置も高いということは，バランスが悪く不安定であるということです。転んだ時に頭部を打ったり，とび降りた時に勢いで地面に頭を打ちつけそうになったりします。手足が短いため，手を上に挙げた時に頭の上に出る腕の長さも大人とは異なっています。大人と体格が異なるということは，大人とは違った動きをするということです。子どもと接する際はこのような点も十分に配慮する必要があります。

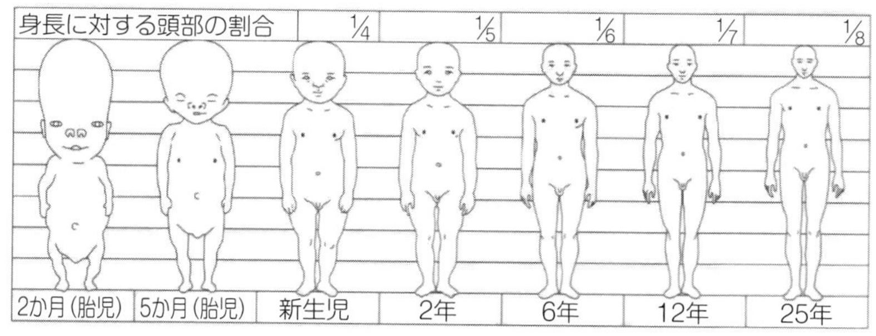

図2－2　頭部と体部の比率の変化

出所：巷野悟郎（編著）『子どもの保健（第7版）』診断と治療社，2016年，p. 18。

Work 1　動きの違いを見つけてみよう

乳幼児が地面からものを拾おうとする時，どのような拾い方をするでしょう。自分の拾い方と違いはあるでしょうか。実際にやってみながらその違いを考えてみましょう。また，子どものプロポーション（体の比率）を生かした特徴的な動きを見つけてみましょう。

❸ 骨の形成

人間の体を形づくっている支柱は骨格ですが，骨は硬いまま長く太くなっていくわけではありません。乳幼児の骨は大人に比べて軟骨部が多く，その軟骨のなかに石灰質が沈着して硬い骨組織を形成していくという過程を繰り返して成熟していきます（図2－3）。このように軟骨が硬い骨組織へと変化することを骨化といいます（化骨ともいう）。

乳幼児の骨は大人と比べて非常にやわらかく折れにくいという特徴があります。若木骨折と呼ばれる完全には折れず亀裂が入って曲がったような状態は，この時期に特徴的な骨折です。症状が軽い場合は，少しの腫れがみられる程度でそれほど痛みもなく骨折だとわからない場合もあります。乳幼児の場合，痛みを訴えなかったり症状を正しく伝えられなかったり，腫れが少なくわかりにくいこともありますが，普段と姿勢が違ったり，動きが違ったりする場合は早めに受診することが必要です。

また，手や足の骨は大人と同じような構造ではなく，徐々に数も増え，形を変えて複雑に組み合わさって大人に近い骨格になってい

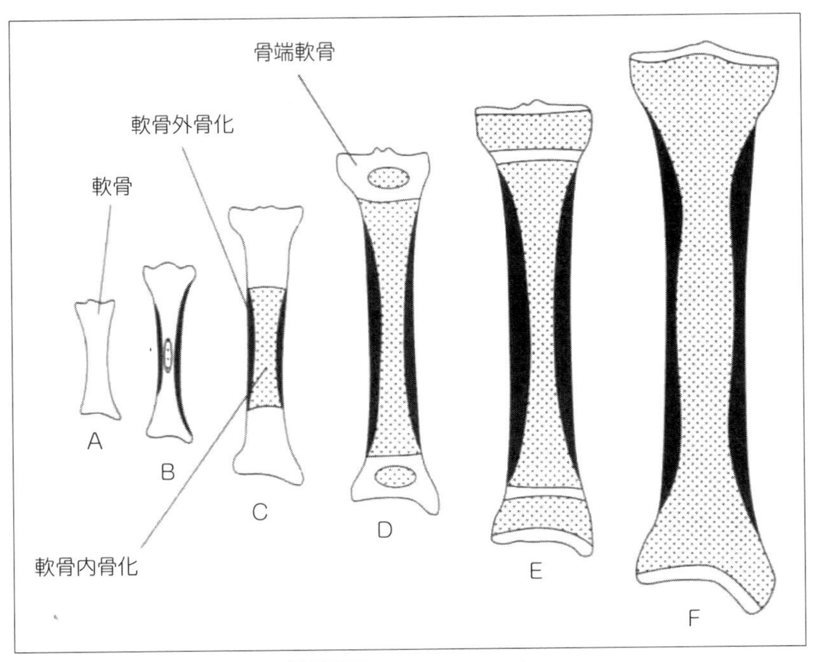

図2-3　骨の骨化と発育

出所：高石昌弘・宮下充正（編著）『スポーツと年齢（保健体育スポーツ指導選書）』大修館書店，1988年。

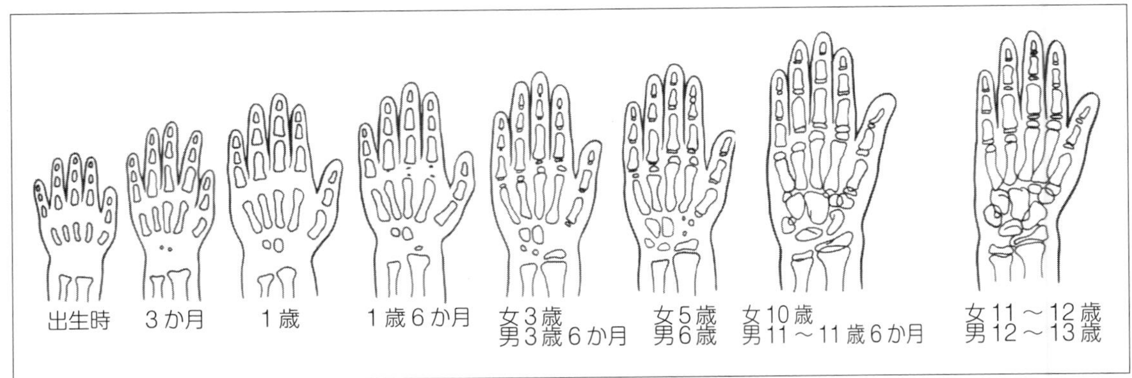

図2-4　骨年齢の評価基準（X線像による模型図）

注：骨は加齢とともに成熟し，一定の年齢では一定の成熟を示します（阿部・飯沼・吉岡，2003）。男子12～13歳，女子11～12歳頃に手根骨の骨端核数（正常の最大数11）は完成し，それ以降は骨がたくましくなります。

出所：阿部敏明・飯沼一宇・吉岡博（編）『小児科学・新生児学テキスト（全面改訂第4版）』診断と治療社，2003年，p. 19。

きます（図2-4）。乳幼児の手がやわらかいのはこのためです。単純な構造では動きも単純で，より複雑な構造になるにつれて複雑な動きも可能になっていきます。骨の成熟の程度を年齢の単位で表したものを骨年齢といいます。骨の形態的成熟は，乳幼児期から思春期後期まで徐々に進行するため骨年齢は成熟の程度を表す指標となります。

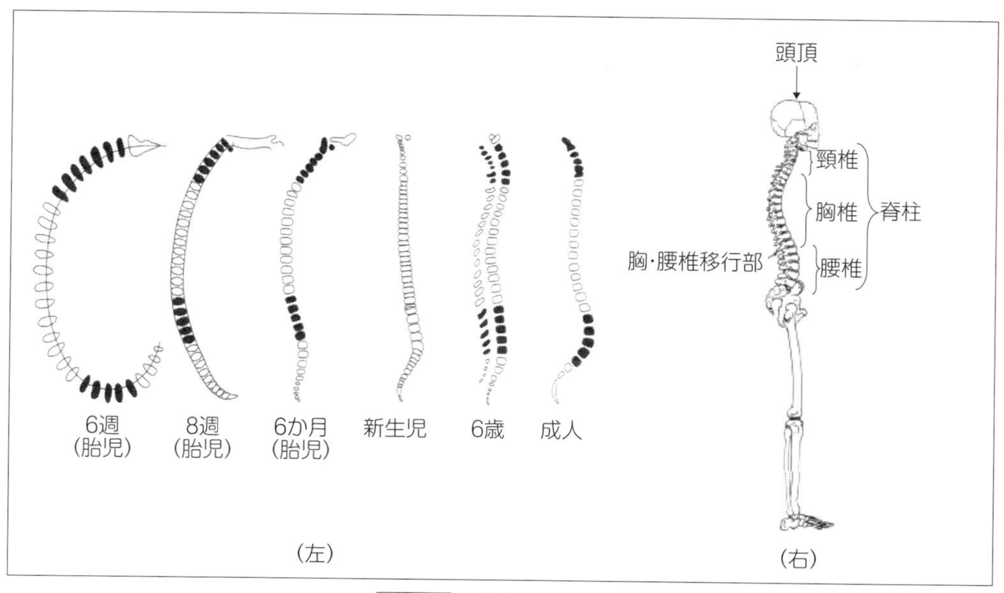

図2－5　脊柱湾曲の形成

出所：(左) 高石昌弘・宮下充正 (編著)『スポーツと年齢 (保健体育スポーツ指導選書)』大修館書店，1988年。
(右) Regi Boehme，芝田利生・櫻庭修 (訳)『赤ちゃんの運動発達――絵で見る治療アプローチ』協同医書出版社，1998年，p. 79。

❹ 脊柱の湾曲

「背筋をまっすぐに」とよくいいますが，実際には脊柱は前後に湾曲（わんきょく）しています (生理的湾曲) (図2－5)。しかし，これも生まれながらに形成されているわけではありません。胎児期は体全体を丸めて母胎にいますが，この頃は全体的にアルファベットのＣ型に後湾しています。出生時は首 (頸椎) と腰 (腰椎) にわずかな湾曲 (前湾) がみられますが，全体的にはほぼまっすぐに近いアルファベットのＩ型といえます。それが徐々に首 (頸椎) で前方に湾曲，胸 (胸椎) では後方に，腰 (腰椎) で再び前方に湾曲し，おしり (仙骨) で再び後方に湾曲という前後のＳ字湾曲が形成されていきますが (生理的湾曲)，幼児期にはまだ大人ほど十分に形成されていません。また，脊柱を支える筋肉や靱帯も未完成です。

脊柱の生理的湾曲は，重力による負荷や動作にともなって受ける様々な衝撃を吸収・分散し，頭部への衝撃を和らげるスプリングの役割をしています。幼児はとび降りが大好きですが，脊柱に十分なＳ字の湾曲が形成されていない幼児にとっては，着地の衝撃が直接頭部へ伝わることになります。やたらに高いところからジャンプをすることは，大人と比べて頭の比率が大きいことや骨などが成熟過程にあることに加えて，このような点での負担が大きいということも理解しておく必要があります。子どもの身体的な能力や着地面の固さにもよりますが，子どもの顔くらいまでが高さの上限の一つの目安といえるでしょう。

なお，脊柱は左右には湾曲していません。左右の湾曲は側湾症という病気です。

Work 2　脊柱の湾曲を感じてみよう

首の後ろや腰，おしりの辺りを触ってみましょう。脊柱のＳ字湾曲（前湾や後湾）が感じられるでしょうか。

❺ 下肢・土踏まず

出生時の乳児の足は股関節から開いており，２歳頃まではＯ脚気味で，両足を揃えて立つことができません（写真２−１）。これは立った時に狭い足底面積で重心が高い位置にある不安定さを補い，平衡性を保ちやすくし，直立機能や歩行機能を可能にするためです。２歳頃からは次第にひざが内側を向いたややＸ脚のようになり（３〜４歳がピーク），その後６歳頃にはだんだんとまっすぐな状態になっていきます。これらは生理的なもので骨の自然な発達過程です。

一方，土踏まずの形成は足の骨化と深く関係しています。幼児期は土踏まずのアーチがまだ浅いですが，歩行量が増えるにつれて足底筋群が強化され，徐々に土踏まずのアーチの形成が促されていきます。

❻ 歯の萌出

乳児の歯は６か月頃から下の前歯２本から生えてくることが多いですが個人差があります。１歳頃には上下４本がそろい，１歳半頃には乳臼歯が生え，３歳頃には乳歯20本が生えそろいます。６歳頃から乳歯が抜けて永久歯に生え変わり，12〜13歳頃に28本生えそろいます（16歳以降に生える親知らずを入れて32本：図２−６）。

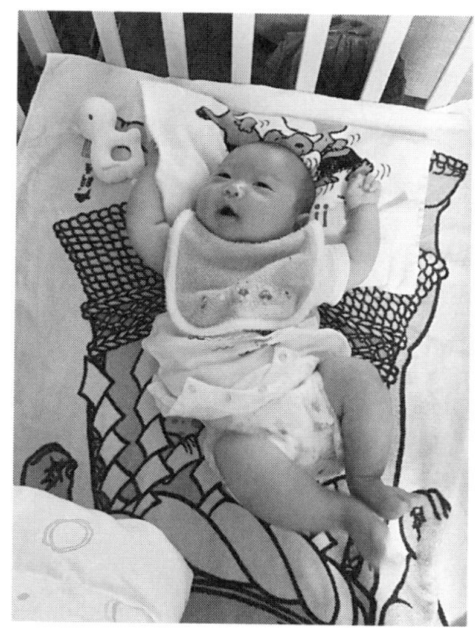

写真２－１　出生後１～２か月の乳児

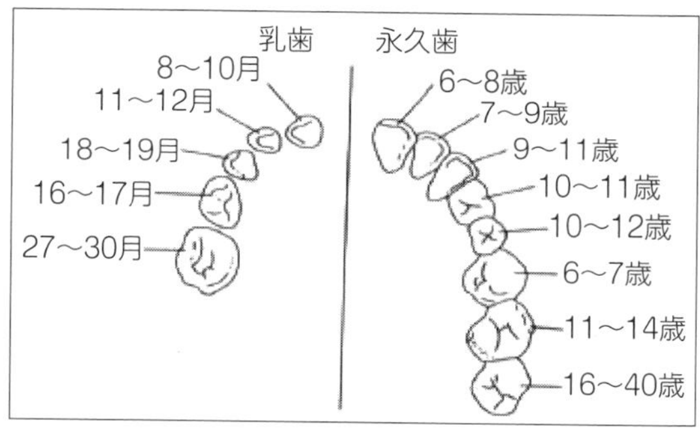

図２－６　歯の萌出

出所：巷野悟郎（編著）『子どもの保健（第７版）』診断と治療社，2016年，p. 16。

乳歯の歯胚（歯の芽）は妊娠６週頃につくられ，妊娠４か月頃には歯の形ができ始めます。また永久歯の歯胚も妊娠３か月頃に形成され，３歳頃には歯の形が完成，歯が生えた９歳頃に歯の根ができ上がります。[2]

口の中にある常在菌が歯に沈着し，増殖した歯垢が形成されて歯質を溶かすとむし歯になります。乳歯は永久歯に比べエナメル質や象牙質が薄く，むし歯の進行が早いのが特徴です。[3] 乳歯のむし歯はかみ合わせや歯並びにも影響するため適切な処置をとることが必要です。むし歯ができやすいのは，歯と歯の間，歯肉に近いところ，奥歯の溝で，生えたての歯は歯肉に半分埋まっており磨き方が難しいので注意が必要です。[4] 甘いものの与えすぎや甘味飲料の摂取に配慮し，食後に白湯を与えたり，歯磨きの習慣を身につけることが大

2　遠藤郁夫（監修），日本保育保健協議会（編）『保育保健2016』日本小児医事出版社，2016年，pp. 16-17。

3　榊原洋一（監修），小林美由紀『これならわかる！　子どもの保健演習ノート（改訂第３版）』診断と治療社，2016年，p. 58。

4　遠藤郁夫（監修），日本保育保健協議会（編）『保育保健2016』日本小児医事出版社，2016年，pp. 68-72。

切です。

文部科学省「平成29年度学校保健統計」(2018年) によると，５歳児のむし歯罹患率は，35.5%と報告されています。親世代のこの時期の罹患率 (80.9%) と比較すると減少しているとはいえますが，３人に１人以上の割合でむし歯があることになります。

Work 3　自分の体の発育をみてみよう

自分の母子手帳をみてみましょう。出生時の身長や体重は，その後どのように変化しているでしょうか。また，自分の乳児期のカウプ指数を求めてみましょう。

2　身体の機能的発達

❶ 生理的機能の発達

表２-１には生理的データの発達的変化が示されています。様々な生理的機能が年齢段階によって異なっており，新生児から大人に至る過程でかなり大きく変化します。

乳幼児期には大人と比べてエネルギー所要量が多くなっています (表２-１)。これは代謝が活発で発達の著しいこの時期は，多くのエネルギーを必要としているためです。

呼吸数は大人に比べ乳幼児はおよそ２倍にもなりますが，肺が小さく１回に吸い込む量が大人に比べて少ない乳幼児は，呼吸数を多くすることでたくさんの酸素を確保します。乳児は複式呼吸で，２歳以降に胸式呼吸が加わり，７歳以降で大人と同じような呼吸となります。また３か月以下の乳児は鼻(び)呼吸しかできず口で呼吸ができないため，鼻をふさぐことのないよう注意が必要です。口呼吸ができるようになるのは３か月以降です。

脈拍数は幼児で大人の約1.5倍の90～120/分で，たくさん取り込んだ酸素は心臓から全身に送り出されますが，心臓が小さく機能的にも未成熟な乳幼児は血流量を保つためにピッチが早くなります。

表2－1　生理的データの発達的変化

	エネルギー所要量[1] (kcal/kg/日)	呼吸数[2] (回/min)	脈拍数[3] (回/min)	最高血圧 (mmHg)	最低血圧[4] (mmHg)	腋窩体温[5] (℃)	尿の１日量[6] (ml/kg/日)
新生児	—	40–45	120–160	60–70	40–50	36.7–37.5	—
乳　児	100–120	30–40	120–140	70–0	50–60	36.8–37.3	80–90
幼　児	90–100	20–30	90–120	80–90	60–65	36.6–37.3	50
学　童	70–80	18–20	80–90	90–110	60–70	36.5–37.3	40
成　人	40	16–18	60–70	110–130	70–90	36.0–36.5	30

出所：1）阿部敏明・飯沼一宇・吉岡博『小児科学・新生児学テキスト（全面改訂第４版）』診断と治療社，2003年，pp. 22-23。
2）巷野悟郎（編著）『子どもの保健（第７版）』診断と治療社，2016年，p. 36。
3）同上。
4）平山宗弘（編）『小児保健（改訂版第４版）』日本小児医事出版社，1994年，pp. 147-156。
5）大西文子（編著）『子どもの保健演習』中山書店，2012年，pp. 24-25。
6）阿部敏明・飯沼一宇・吉岡博『小児科学・新生児学テキスト（全面改訂第４版）』診断と治療社，2003年，p. 23。

血圧が低いのは，心拍出量に対して血管径が大きいことや，血管が柔軟で血液がスムーズに流れるためです[5]。

体温は個人差がありますが，乳幼児は大人と比べて平熱が高めです。食事や運動は熱を産出しますが，幼児は１kg当たりの食事摂取量は大人よりも多く運動も活発なので，熱産生が多く体温が高くなります[6]。また，大人と比べて体重当たりの体表面積が広いため，環境温に左右されやすいこともあり[7]，環境の温度や衣服を調整するなど注意が必要です。

このように幼児は，骨格が形成途上で大人の体格と異なっているだけでなく，生理的な機能においても独自の特徴を整えています。そのため，体を使った遊びを行う際は運動の負荷や時間を十分に考慮する必要があります。大人が行うようなトレーニングをそのまま行ったり，極度に負荷の大きな運動が適切ではないことは容易に理解されるでしょう。この時期の子どもの発達には個人差も大きいということも頭に入れておく必要があります。

子どもは汗かきですが，最近では空調の整いすぎている環境で育つ子どもも多くいます。汗腺の数は２～３歳くらいまでの影響を強く受けるとされています。汗をかく機会が多い子は汗腺が機能して発達しますが，快適すぎる環境で育つことは汗腺の機能を低下させて，かえって子どもの体温調節機能を低下させてしまうことにもなります。自律神経の発達を促すためにも薄着の習慣や外気に触れる機会を積極的にもつようにすることが大切です。

5　高野陽・加藤則子・加藤忠明（編著）『小児保健（保育ライブラリ　子どもを知る）』北大路書房，2003年，pp. 22-26。

6　巷野悟郎（編著）『子どもの保健（第７版）』診断と治療社，2016年，pp. 32-35。

7　榊原洋一（監修），小林美由紀『これならわかる！　子どもの保健演習ノート（改訂第３版）』診断と治療社，2016年，pp. 42-43。

Episode 1　汗をかける体を育てることの大切さ

11月にもなるとだいぶ寒くなってきますが，木々も色づき外で体を動かして遊ぶのもとても気持ちのいい季節です。ある小春日和の日，年長児が園庭で鬼ごっこをしていました。その日は普段あまり活発ではないＡ子ちゃんも珍しく一緒に鬼ごっこをして走りまわっていました。

笑顔で声をあげながら元気に遊んでいたのですが，夕方になって自宅で不調を訴えたそうです。クリニックを受診したところ診断は熱中症もどき。それほど暑い日でも湿度が高い日でもなかったのですが，熱中症は真夏だけに起こるとは限りません。

乳幼児は体温調節機能が十分に発達していないため，大人よりも熱中症にかかりやすいですが，暑さ対策や水分補給に配慮するだけでなく，普段から体を動かして遊ぶことで，暑さになれること，汗をかける体をつくっておくことも大切なことです。

❷排　尿

乳児の腎機能は未発達で尿の濃縮力が低いため，尿量が多く排尿回数も多くなります[8]。排泄は，神経系の働きによって制御されていますが（図2-7），その働きが十分でない乳児は尿意の自覚ができず，脊髄の反射で行われ，３～４か月頃になると起きている時に排尿することが多くなります。１歳を過ぎると尿意の自覚ができるようになり[9]，この頃からトイレットトレーニングが開始されます。紙おむつの使用により自立がやや遅れる傾向にあり，排尿の自立は２～３歳頃となっています[10]。また夜間は排尿を抑制する抗利尿ホルモンの分泌が十分でないため，４歳頃までは夜尿があり，夜間のみおむつを使用する子もいます。排尿の発達は大脳皮質の機能発達により行われています。

また排泄は心理的要素，情緒面とも関係が深く，４～５歳でも状況によって失敗することもあります。過度な緊張やプレッシャーが苦痛となりできなくなることもあるので，一定の時間をつくり余裕をもって取り組ませたり，うまくいった気持ちよさに共感したりしながら丁寧にかかわることが大切です。

➡8　榊原洋一（監修），小林美由紀『これならわかる！　子どもの保健演習ノート（改訂第３版）』診断と治療社，2016年，pp. 59-61。

➡9　高野陽・加藤則子・加藤忠明（編著）『小児保健（保育ライブラリ　子どもを知る）』北大路書房，2003年，pp. 22-26。

➡10　前掲書（➡８）。

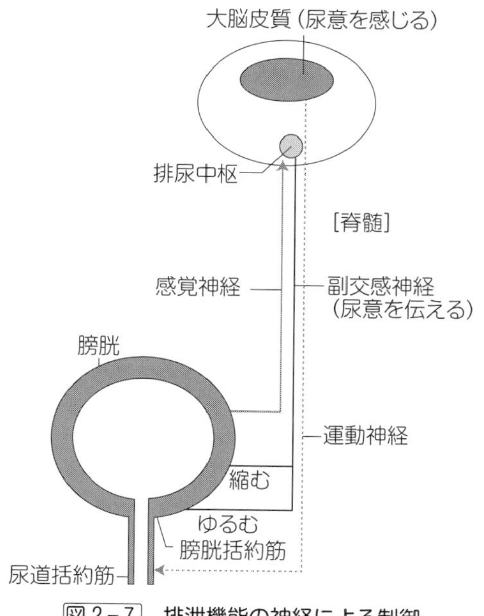

図2－7　排泄機能の神経による制御

出所：榊原洋一（監修），小林美由紀『これならわかる！子どもの保健演習ノート（改訂第3版）』診断と治療社，2016年，p. 60。

❸睡　眠

新生児は授乳と排泄のために2～3時間おきに寝たり起きたりを繰り返し（多相性睡眠），睡眠時間は1日16時間近くにもなります。3～4か月頃には昼夜の区別ができるようになり，1歳頃には夜間の睡眠が長くなり，徐々に昼間起きて夜寝る24時間周期のリズムに移行していきます。1～2歳頃には午睡が1回になり（二相性睡眠），3～4歳頃からは午睡をほとんどしない子もいるなど大人と同様のパターンに近づいていきます（単相性睡眠）。

新生児の睡眠の約50％はレム睡眠で占められ，大人よりも長いですが，脳の発達によりレム睡眠の割合は減り，5歳頃には約20％になります（図2－8）。レム睡眠中は身体が休息し，ノンレム睡眠中は脳が休息します。乳幼児期はノンレム睡眠の量が多く熟睡しやすい時期で，寝入って最初にやってくる深い眠りの時には成長ホルモンが大量に分泌されます[11]。成長ホルモンは骨をつくり，筋肉を増やし，新陳代謝を盛んにする働きがあります。またこの他に，睡眠中には情緒をコントロールするホルモンや免疫機能を高めるホルモンなど各種のホルモンも活発に分泌されています[12]。このことから「寝

11　神山潤『子どもの睡眠――眠りは脳と心の栄養』芽ばえ社，2003年，pp. 18-22。

12　遠藤郁夫（監修），日本保育保健協議会（編）『保育保健2016』日本小児医事出版社，2016年，pp. 51-52。

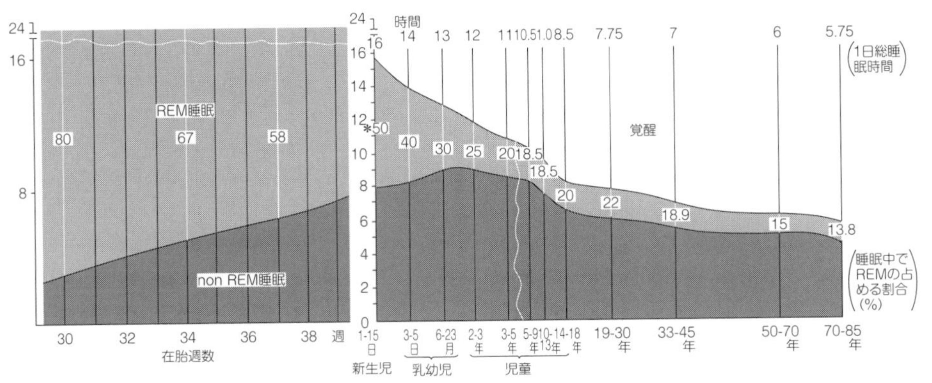

図2－8　睡眠パターンの変化

注：胎児期には次第にノンレム（non REM）睡眠が多くなります。出生後は起きている時間（覚醒）は次第に長くなり，相対的にレム（REM）睡眠は少なくなっていきます。

出所：仁志田博司『新生児学入門（第3版）』医学書院，2004年，p. 32。

る子は育つ」といわれていることは本当なのです。

乳幼児（0～36か月）の睡眠に関する国際比較調査では[13]，日本は全17か国中最も短く平均総睡眠時間は11時間37分でした（最長はニュージーランドで13時間19分）。入園前の生活リズムと入園後のそれとは密接に関係していること[14]，乳幼児の睡眠は養育者の影響を大きく受けること[15]から，できるだけ早い時期から早寝を中心とする規則正しい生活リズムを保障していくよう，周囲の大人が子どもの睡眠の重要性を理解し，適切な質と量を確保するよう配慮することが必要となります。

13　Mindell, J. A. et al. (2010). Cross-cultural differences in infant and toddler sleep. *Sleep Medicine*, **11**, pp. 274-280.

14　吉田伊津美「幼児の生活習慣」鈴木みゆきほか『「子どもの生活リズム向上のための調査研究（乳幼児期の調査研究）」報告書』2009年，pp. 6-12。

15　北村真吾「子どもの眠りの生理的変化――新生児から小学生まで」『チャイルドヘルス』**20**(10), 2017年，pp. 6-10。

Work 4　子どもが早寝できる環境について考えてみよう

夜の街中やコンビニで乳幼児を見かけることはないでしょうか。このような親子に対して子どもが早く就床できるようにするために，どのような手立てが考えられるでしょうか。自分が親の立場の場合，保育者の立場の場合を想定して，話し合ってみましょう。

❹ 視機能

新生児には，強い光や強い音，眼前に急に迫ってくるものが見えた時にまぶたを閉じる瞬目反射がみられます。出生時には白，黒，灰色しか見えず，視力は遠視気味で，輪郭ははっきりせず視野も狭くなっています。２か月頃には人の顔をじっと見るようになり，４か月頃までには180度までものを追いかけること（追視）ができるようになります。２歳頃には視力は0.4〜0.6，３歳頃には0.6〜0.8，５歳頃には1.0程度で，６歳頃には視機能は大人と同様になります[16]。

裸眼視力1.0未満は５歳で24.5％おり，親世代が子どもだった頃（23.1％）に比べて若干増えています。また裸眼視力0.7未満で眼鏡を使用していない幼児は5.7％いるとされます（文部科学省「平成29年度学校保健統計」2018年）。このため，ぶつかるなど環境にうまく対応できない状況が頻繁にみられる場合は，単に本人の不注意や動きのぎこちなさではなく，見え方に問題があることも考えられます。近年，子どもの近視については外遊びとの関係も指摘されており，バイオレットライト[17]を浴びることで近視抑制効果があるとされています[18]。

視力だけでなく，視野も大人より狭いという違いがあります。子どもの視野は６歳で水平（左右）視野90度，垂直（上下）視野70度であるのに対し，大人は水平視野150度，垂直視野120度とされています。目の高さが違うだけでなく，見え方も異なることを十分に理解しかかわることが大切です。

➡16　榊原洋一（監修），小林美由紀『これならわかる！　子どもの保健演習ノート（改訂第３版）』診断と治療社，2016年，pp. 46-47。
遠藤郁夫（監修），日本保育保健協議会（編）『保育保健2016』日本小児医事出版社，2016年，p. 12。

➡17　太陽光の一部で紫外線とブルーライトの間に位置する波長が360〜400nmの光。屋外活動を多く行う子どもの方がより近視になる確率が低いことから，太陽光に含まれるバイオレットライトに近視抑制効果があるとされます。

➡18　坪田一男『あなたのこども，そのままだと近視になります。』ディスカヴァー・トゥエンティワン，2017年。

Work 5　幼児の見え方を体験してみよう

幼児の視界を体験できるメガネ（チャイルドビジョン）を作成し，実際に幼児の目の高さでその見え方を体験してみましょう。動く際は，周囲の安全に気をつけましょう。チャイルドビジョンは，以下のサイトから型紙がダウンロードできます。

東京都福祉保健局　東京都版チャイルドビジョン（http://www.fukushihoken.metro.tokyo.jp/kodomo/shussan/nyuyoji/child_vision.html）

Book Guide 

・**榊原洋一（監修），小林美由紀『これならわかる！　子どもの保健演習ノート（改訂第３版）』診断と治療社，2016年。**

小児保健のテキストですが，領域「健康」における体の諸機能に関する専門的事項について様々な側面の発達だけでなく，かかわりについての説明もあります。また，章ごとにいくつかの演習（課題）やおさらいテストがあり，要点がわかりやすく整理されています。

・**木原秀樹『240動画でわかる赤ちゃんの発達地図――胎児・新生児期から歩行するまでの発達のつながりが理解できる』メディカ出版，2011年。**

胎児期に始まり，新生児から１歳９か月までの発達の特徴について写真を中心に構成されています。○か月には○○ができるといった発達指標が示されたものですが，大人とは異なる乳幼児期に特徴的な姿勢や体の比率，またその変化がわかりやすいでしょう。付録の DVD で動画も見ることもできます。

Exercise

最近の子どもについて気にかかることはないでしょうか。通学途中や実習先，アルバイト先などで見かける乳幼児，授業やニュースで聞いたことでも構いません。特に行動や姿勢などを中心に気づいたことを挙げて話し合ってみましょう。またそれが子どもの健康問題とどのような関係があるか考えてみましょう。

第3章
乳幼児期の生活リズムと生活習慣

1歳児の男の子が，きちんと椅子に座って，フォークを使って大好きな唐揚げを食べようとしています。この唐揚げを食べ終わると，彼は全ての食事を食べ切ったことになります。1歳児であっても，きちんとテーブルに座って，給食を全部食べるというようなことが，園では当たり前のようなこととなっています。このような姿を見て，あなたは食事の仕方は1歳からでも身につけることができると思いますか？

このような写真を，家庭で１歳児を育てている保護者に見せると，こんなにきちんと食べることが信じられないと驚く人がいます。家庭では，座っていないし，周囲にこぼすし，全部食べ終わる前に遊び出すというのです。園での生活だからこそ，このような場面がみられているといってもよいのかもしれません。

このことは，乳幼児の生活リズムと生活習慣と大きな関係があります。家庭では，保護者の都合もあって，なかなか生活リズムが一定にはならず，食事も午睡も決まった時間に行うことが難しくなります。また食事の場面でも，家庭ではお菓子などの間食があることが多く，その上で食事を全て食べ切ることは，子どもにとって必要性があるともいえないのです。

そのため，園では食事の生活習慣ができているのに，家庭では「ずっと椅子に座っていない」「出されたものをなかなか食べない」「手づかみでものを食べる」などの声を保護者から多く聞きます。

乳幼児期，特に２歳以下の子どもの生活リズムや生活習慣を考えた場合，保育所や認定こども園といった集団施設での子どもの姿は，保護者に甘えられる家庭で見せる子どもの姿と大きく違うのは当然といえば当然なのです。

その一方で，園と家庭で子どもの姿が大きく異なるならば，その子どもにとって，どんな生活リズムや生活習慣が大事なのかを，保護者も保育者も，お互いに考える機会を設けてみる必要もありそうです。子どもは一人一人違います。食欲も違えば，運動量，家庭での生活リズムなど，様々な違いがあります。そのような違いがある子どもを，一律に同じような生活リズムや生活習慣にさせていくことは保育ではありません。みんなと一緒に生活していくなかで，どのように個々の違いを認めていくかは，保育にとってとても大事な視点なのです。

家庭でも，子どもの生活リズムや生活習慣について考えてもらう必要も出てきます。ちょっとした配慮で，生活リズムが整い，気持ちよく食事や睡眠，排泄などができるならば，子どもだけでなく，保護者にとってもうれしいことだからです。

乳児から幼児にかけての生活リズムや生活習慣はとても大事です。この章では，特に乳児からの生活リズムや生活習慣について学んでいきます。

1 乳幼児期の生活リズムの現状と課題

乳幼児期は，生活リズムを整え，確立していく重要な時期です。睡眠や食事，排泄，遊びや休息など，様々な生活行動がバランスよく適切に繰り返される健康な生活のリズムは，子どもの情緒を安定させ，意欲的な活動を支えます。また，毎朝同じ時間に，視覚を通して脳が太陽の光を認識することで，私たちの体のなかにある体内時計は24時間周期に合わせられるといわれています[➡1]。

生活リズムは，成長に欠かせないホルモンの分泌や，脳や消化器官の働き，体温の変動といった生理的リズムと密接に関係しています。規則正しい生活リズムは，身体の疲れをとるだけではなく，生理的リズムを整え，脳や身体を発達させる役割も担っています。

適切な生活リズムは成長にともない変化していきます。新生児はおよそ3時間ごとに授乳と睡眠のサイクルが繰り返されるリズムが一般的です。徐々に授乳の間隔があき，起きている時間が長くなり，昼夜の感覚が出てきます。機嫌よく遊ぶ時間も増え，散歩を楽しむようにもなります。離乳食が完了する1歳頃には，昼寝も1回になり，夜は朝まで起きないことも増えてきます。しかし，個人差も大きく，なかなか離乳が進まない子ども，夜に何回も起きる子どもも珍しくありません。

特に乳児は，子ども一人一人のペースやリズムを尊重し，生理的欲求が十分に満たされる経験を重ねることが重要です。入園期など，環境が大きく変化する時期も，一人一人のペースを尊重することが大事です。子どもの情緒が安定し，園での生活リズムが徐々に整えられていくと，一緒に過ごす仲間とのリズムも少しずつ揃うようになっていきます。

また，子どもの生活リズムは，保護者の生活スタイルや意識にかなり左右されます。日本小児保健協会が10年ごとに行っている幼児健康度調査によれば，夜10時以降に就寝する子どもの割合が1980年から2000年の20年間で2～4倍に増加しました。また，2006年の学校保健統計調査では，小児肥満が増加傾向にあることも指摘されました[➡2]。その背景としては，社会の変化にともない，保護者の生活ス

➡1　生物は地球の自転による24時間周期の昼夜変化に合わせ，ほぼ1日の周期で体内環境の変化が繰り返されるリズム（サーカディアンリズム）をもっています。ヒトの体内時計の周期は24時間よりも若干長いことが多いため，体内時計を24時間周期に調整することが必要です。朝に太陽の光を浴びることで体内時計を早める働きが生じるため，早寝早起きの習慣が，体内時計のリズムを整えることにもつながります。

➡2　肥満傾向児の出現率は，男子では9歳から17歳で10％を超えたこと，女子では11歳，12歳及び15歳で10％を超えたことが報告されました。幼児期の肥満傾向児の割合は高くはないものの，幼児期からの生活リズム，食習慣がその後の肥満傾向に大きく影響しているといわれています。

表３－１　夜10時以降に就寝する子どもの割合（%）

	1980年	1990年	2000年	2010年
１歳６か月児	25	38	55	30
２歳児	29	41	59	35
３歳児	22	36	52	31
４歳児	13	23	39	26
５－６歳児	10	17	40	25

出所：衞藤隆（編）「幼児健康度に関する継続的比較研究：平成22年度総括・分担研究報告書」2011年より筆者作成。

タイルも大きく変容したことが考えられます。就寝時刻が遅くなる夜型化，朝食を欠食するなどの食習慣の乱れ，電子ゲーム機の普及などによる外遊びの減少による運動不足などが，保護者の生活スタイルの影響によって，子どもの生活に起こった問題として挙げられます。

これらの事態は重く受けとめられ，文部科学省は「早寝早起き朝ごはん[3]」のスローガンとともに，国をあげて生活リズムの向上に取り組みました。2010年の幼児健康度調査では，取り組みの成果もあったのでしょう，夜10時以降に就寝する子どもの割合は減少傾向にあります（表３－１）。ベネッセ教育総合研究所が５年ごとに行っている調査においても，平日の夜10時以降に就寝する幼児の割合は減少しており，早寝傾向にあることが報告されています。また，全体として平日の起床時刻も早まっており，早起き傾向にあることも明らかになっています[4]。

ただし，ベネッセ教育総合研究所の同調査では，平日夜10時以降に就寝する割合を就園状況別にみると，未就園児・幼稚園児と比べて，保育園児の方がその割合が高いことが示されています。４歳以上では，保育園児の約４割が夜10時以降に就寝することが報告されています。一方，起床時刻では，保育園児の方が朝６時半以前に起床する割合が未就園児・幼稚園児よりも高い結果となっており，保育園児の方が起床時刻は早く，就寝時刻は遅い傾向にあります（表３－２，表３－３）。また，2010年の調査ですが，平均昼寝時間は幼稚園児で10分，保育園児で１時間33分，未就園児で１時間14分と報告されています[5]。これらの結果からは，親の生活スタイルに応じて子どもの睡眠リズムに違いがあることがわかります。

また，テレビやDVD，タブレット端末やスマートフォンなどの電子メディアとの接触も乳幼児の生活の一部となっています。2017

➡３　文部科学省が2006年から開始した「子どもの生活リズムの向上プロジェクト」の代表的スローガンです。適切な運動，調和のとれた食事，十分な休養・睡眠の重要性を示し，当時大きな問題となった就寝時間の遅れなど，生活リズム，生活習慣全般を見直していく国民運動として現在も推進されています。

➡４　ベネッセ教育総合研究所「第５回幼児の生活アンケートレポート」2016年，p. 14。

➡５　ベネッセ教育総合研究所「第４回幼児の生活アンケート・国内調査報告書」2011年，p. 27。

表3-2　平日，「22時頃」以降に就寝する割合（年齢区分別・就園状況別）

（%）

低年齢		高年齢	
未就園児（948）	保育園児（482）	幼稚園児（1,317）	保育園児（533）
25.1	36.2	11.1	40.5

注：1）（　）内はサンプル数（人）。
2）「22時頃＋22時半頃＋23時頃＋23時半以降」の%。
3）調査時点における子どもの就園状況は以下のとおりである。
保育園児（低年齢）：1歳6か月～3歳11か月の保育園に通っている幼児。
幼稚園児（高年齢）：4歳～6歳11か月の幼稚園に通っている幼児。保育園児（高年齢）：4歳～6歳11か月の保育園に通っている幼児。
出所：ベネッセ教育総合研究所「第5回幼児の生活アンケートレポート」2016年より一部引用。

表3-3　平日，「6時半頃」以前に起床する割合（年齢区分別・就園状況別）

（%）

低年齢		高年齢	
未就園児（948）	保育園児（482）	幼稚園児（1,317）	保育園児（533）
18.6	42.1	26.6	43.3

注：1）（　）内はサンプル数（人）。
2）「5時半以前＋6時頃＋6時半頃」の%
3）調査時点における子どもの就園状況は以下のとおりである。
保育園児（低年齢）：1歳6か月～3歳11か月の保育園に通っている幼児。
幼稚園児（高年齢）：4歳～6歳11か月の幼稚園に通っている幼児。保育園児（高年齢）：4歳～6歳11か月の保育園に通っている幼児。
出所：ベネッセ教育総合研究所「第5回幼児の生活アンケートレポート」2016年より一部引用。

年の調査[6]によれば，テレビ番組を「ほぼ毎日」見ている子どもは0歳児で67.9%，1～6歳児は，いずれも80%前後とかなり高い割合になっています（図3-1[7]）。

さらに，タブレット端末やスマートフォンと触れ合う機会の頻度は，2013年度の調査から大きく増加しています。特に0～2歳児で接触頻度の増加率が高く，2017年度の調査では，スマートフォンを「ほぼ毎日」見る割合が最も高かったのは2歳児で，25.9%と報告されています。一方，同じ2歳でもスマートフォンを「ごくたまに」しか見ない割合も28.9%となっており，こうしたテレビ以外の身近な電子メディアが乳幼児の生活に今後どのように入り込んでいくのか，またその影響についても，注視していくことが必要でしょう（図3-2）。

先にも述べたように，子どもの生活リズムは保護者の生活スタイルや意識によって，よくも悪くも方向づけられてしまうものです。子どもの健康な生活リズムを保障し，確立するためには，園と家庭との十分な連携が欠かせません。保護者の生活スタイルを尊重しつ

6　ベネッセ教育総合研究所「第2回乳幼児の親子のメディア活用調査報告書」2018年。

7　「第2回乳幼児の親子のメディア活用調査報告書」によれば，2017年の調査は「録画を除く」回答であったため，録画等を含めた実際のテレビ番組視聴頻度はこれ以上であることが推測されます。実際に録画を含んだ2013年の調査では，1～6歳児まで，いずれも90%を超えていました。

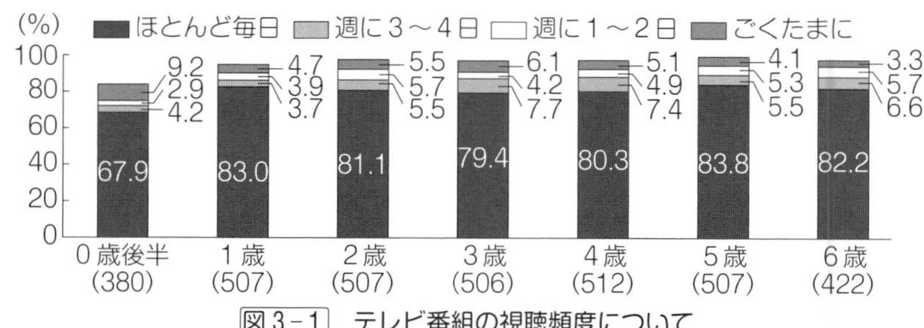

図3－1　テレビ番組の視聴頻度について

注：1）（　）内はサンプル数（人）。
　　2）そのメディアが家庭にある人のみ。

出所：ベネッセ教育総合研究所「第2回乳幼児の親子のメディア活用調査報告書」2018年より一部引用。

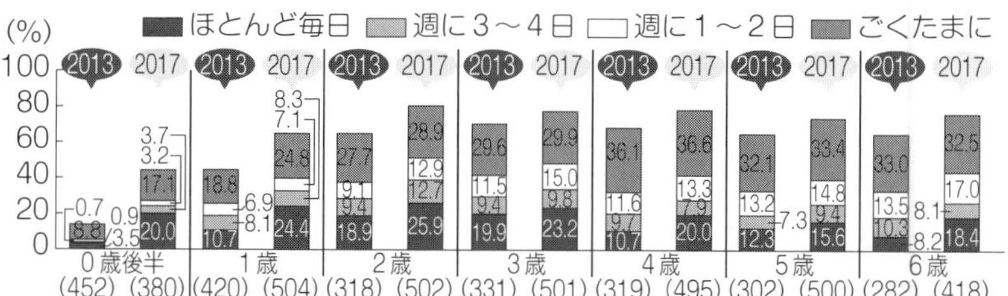

図3－2　スマートフォンの接触頻度について（経年比較）

注：1）（　）内はサンプル数（人）。
　　2）2013年は無答不明を除く。
　　3）そのメディアが家庭にある人のみ。

出所：ベネッセ教育総合研究所「第2回乳幼児の親子のメディア活用調査報告書」2018年より一部引用。

つも，園での子どもの様子を伝えながら，子どもの健康な生活リズムの重要性，それを支えるための園と家庭の双方の役割について保護者に理解してもらい，保育者と保護者が協力し合える態勢をつくっていくことが大切です。

Work 1　自分の生活リズムを見直してみよう

あなたの起床・就寝時刻は何時頃でしょうか。食事はいつとっていますか。テレビは見ますか。スマートフォンはいつ・どれくらい見ていますか。平均的な1日の生活を書き出し，気づいたことを仲間と指摘し合いましょう。

2　乳幼児期の基本的生活習慣の現状と課題

食事，睡眠，排泄，着脱衣，清潔といった基本的な生活習慣は，健康な生活リズムを形づくる上で不可欠な生活行動です。保育所保育指針，幼稚園教育要領，幼保連携型認定こども園教育・保育要領においても，これらの基本的生活習慣に関する内容が示され，幼児期の終わりまでに適切に身につけていくことが目指されます。

それぞれの習慣がいつ・どのように獲得されるかは，手指の運動機能をはじめとした発達の個人差や子どもの性格，子育ての環境や文化，保護者の養育態度の違いによっても差があります。“しつけ”に対する意識や，生活スタイルの変化にともない，時代に応じて獲得時期が遅くなったり早まったりしている習慣もあります。上に挙げた５つの基本的生活習慣について，獲得時期の傾向や今日的な課題を整理しておきたいと思います。

❶ 食事に関する習慣

一般的には１歳半頃に，自分でコップを持って飲む，自分でスプーンを持って食べることができるようになります。たいていのことは自分でできるようになり，大人の援助がなくとも一人で食事をするようになるのは，３歳半ばを過ぎた頃だといえるでしょう（表３-４）。

箸の使用については，戦前の昭和初期の調査と比較すると獲得時期がかなり遅くなっています。ベネッセ教育総合研究所の調査では，「おはしを使って食事をする」の項目の達成率が，2005年から2015年の10年間で，４歳児では83.7％から72.1％に，５歳児では94.2％から83.8％になっており，10％以上下がっていることが報告されています[8]。これは，私たちの食事の内容やスタイルが変化し，箸を使用する習慣自体が当たり前のものではなくなってきていることも一つの原因かもしれません。また，箸を正しく持たせることに対する保護者の意識が薄らいでいることも考えられます。

また，食べることに気持ちが向かなくなるなどして，食事の時間が必要以上に長くなりすぎないことや，よく噛んで食べることも大切な食事の習慣です。食事は，摂取量や偏食，かかる時間など，個人差が生じやすいですが，みんなで食べることの楽しさを伝えながら，適切な食事の習慣が身につけられるようにしたいものです。

8　ベネッセ教育総合研究所「第５回幼児の生活アンケートレポート」2016年，pp. 32-33。

表３－４　基本的生活習慣の自立の標準年齢〈食事〉

年齢	山下調査 (1935〜1936年)	谷田貝調査 (2003年)
1.0		・自分で食事をしようとする
1.6	・自分でコップを持って飲む ・スプーンを自分で持って食べる	・自分でコップを持って飲む ・スプーンを自分で持って食べる ・食事前後の挨拶
2.0		・こぼさないで飲む
2.6	・スプーンと茶碗を両手で使用 ・こぼさないで飲む ・箸と茶碗を両手で使用	・スプーンと茶碗を両手で使用
3.0	・こぼさないで食事をする ・食事前後の挨拶 ・箸の使用	・こぼさないで食事をする
3.6	・箸を正しく使う ・一人で食事ができる	・箸の使用 ・一人で食事ができる
4.0		・握り箸の終了 ・箸と茶碗を両手で使用
4.6		
5.0		
5.6		
6.0		・箸を正しく使う

出所：谷田貝公昭・高橋弥生『データでみる　幼児の基本的生活習慣――基本的生活習慣の発達基準に関する研究（第３版）』一藝社，2016年より一部引用。

❷ 睡眠に関する習慣

睡眠の習慣も子どもによって違いがあり，必要な睡眠時間も異なりますが，日中に起きている時間に意欲的に活動できるように，子どもに応じて十分で良質な睡眠を確保することが重要です。

特に，乳児期は，子ども一人一人のリズムに合わせて眠い時に安心して眠れるように，他の活動スペースとは少し離れた静かな場所を確保するといった配慮が求められます。１歳を過ぎると，午睡が１回になり，その時間もだいたい決まってくるようになってきます。年長児では，午睡をせず，何か別の活動をする時間に充てる場合もあります。しかし，日中の活動内容や体調によっても午睡の必要性は違ってきますから，どの年齢においても，子どもたちの様子を見ながら，臨機応変に適切な休息をとることが必要です（図３－３）。

また，３～５歳児の未就園児・幼稚園児と保育園児とを比較すると，平均昼寝時間が大きく異なっています。この時期の保育園児の

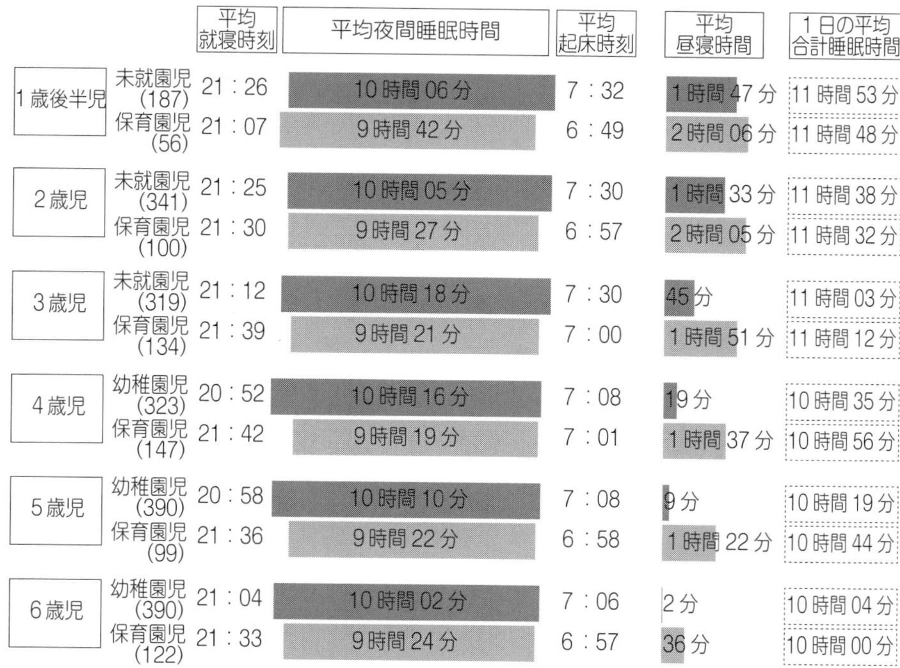

図3－3　就寝・起床の平均時刻と一日の平均合計睡眠時間（子どもの年齢別・就園状況別）

注：1）1歳後半児は1歳6か月～1歳11か月の幼児。
2）起床時刻，就寝時刻，昼寝時間のいずれかの質問に対して無答不明のあった人は分析から除外。
3）就寝の平均時刻は，「19時以前」を19時，「19時半頃」を19時30分，「23時半以降」を23時30分のように置き換えて算出。
4）起床の平均時刻は，「5時半以前」を5時30分，「6時頃」を6時，「9時以降」を9時のように置き換えて算出。
5）平均夜間睡眠時間は，平均就寝時刻と平均起床時刻から算出。
6）平均昼寝時間は「3時間より多い」を3時間30分，「昼寝はしない」を0分のように置き換えて算出。
7）平均合計睡眠時間は，平均夜間睡眠時間と平均昼寝時間から算出。
8）（　）内はサンプル数（人）。

出所：ベネッセ教育総合研究所「第4回幼児の生活アンケート・国内調査報告書」2011年より一部引用。

多くは，夜間の睡眠時間と午睡の時間を合わせることで，1日に必要な睡眠時間を確保していることがわかります。

入園期には，不安や緊張からなかなか寝つけない子どもも多くいます。とりわけ乳児は，布団では寝つけず，特定の保育者の“抱っこ”でようやく眠りにつく場合もよくあります。ガーゼを吸いながら入眠したり，特定のぬいぐるみと一緒に布団に入ったり，子どもたちが家庭で寝る際の習慣も様々です。家庭での様子を保護者に聞きながら，園での睡眠が安心でき，安全で心地よい習慣になるように，一人一人に合わせて柔軟に対応していくことが大切です。子どもによって安心して眠れる体勢も違いますが，特に1歳未満児は，乳幼児突然死症候群（SIDS：Sudden Infant Death Syndrome）[9]発生のリスクを少しでも回避するため，原則として，うつぶせ寝ではなく，あお向け寝となるように注意しなければなりません。

9　乳幼児突然死症候群
何の予兆や既往歴もないまま乳幼児が死に至る原因のわからない病気です。2018年にはおよそ60人の赤ちゃんがSIDSで亡くなっています。予防方法は確立していませんが，うつぶせ寝を避けることが，SIDSの発症率を下げる一つのポイントであることが示されています（厚生労働省「乳幼児突然死症候群（SIDS）について」https://www.mhlw.go.jp/bunya/kodomo/sids.html）。

❸ 排泄に関する習慣

4歳頃には排便の自立まで至り，ほぼ一人で排泄できるようになります。ただし，自立に至るまでの様々な習慣は，時代の変化にともない，獲得の時期が遅くなっていることが報告されています。

1935～1936年の調査では，2歳半の段階で，すでに8割以上の子どものおむつが外れていました。一方，2003年の調査では，2歳半でもまだ7割近くの子どもがおむつを使用しており，おむつが外れた子どもが8割を超えるのは3歳半まで待たれることが報告されています。排尿・排泄の報告や予告の時期もかなり遅くなっていることがわかります（表3-5）。また，その傾向は近年も続いていることが，ベネッセ教育総合研究所の調査において明らかになっています。[10]

遅くなっている原因としては，紙おむつの普及と材質の高性能化が考えられます。排泄しても，“気持ち悪さ”が感じられなければ，それを訴えたり，そうならないようにとあらかじめ行動したりする必要性が子どもの側に生じません。また，紙おむつの吸水量も高いものが多く，おむつを取りかえる機会がそもそも少なくなっている可能性も指摘されています。紙おむつの使用のよし悪しの問題ではなく，おむつが汚れたらこまめに取り替え，綺麗になる心地よさとともに，おむつを替える意味や必要性が子どもに伝わるようなかかわりが乳児期から大切だといえるでしょう。

“トイレット・トレーニング”という言葉もありますが，排泄の自立に関連する情報や育児グッズは溢れています。しかし，思うように進まず，悩む保護者も多くいます。排泄の自立は，歩行の確立に加え，膀胱や脳などの発達，言葉の発達とも密接な関係があります。そもそも便器に座ることを嫌がったり，“おしっこ”はトイレでできても“うんち”はおむつでしかしなかったりなど，子どもの性格やこだわりも大きく影響します。子どものその時の気分によって，1日のなかでもうまくいったりいかなかったりするものです。成功・失敗と結果に目がいきがちですが，失敗しても叱るのではなく，子どもの姿を受容しながら，ゆったりとした気持ちで援助することで，子どもの気持ちも安定し，自立へ向けた意欲が保たれます。

また，厚生労働省の乳幼児栄養調査（2016）によると，毎日排便

➡10　ベネッセ教育総合研究所「第5回幼児の生活アンケートレポート」2016年，pp. 32-35。

表３－５　基本的生活習慣の自立の標準年齢〈排泄〉

年齢	山下調査 (1935～1936年)	谷田貝調査 (2003年)
1.0	・排尿排便の事後通告	
1.6	・排尿排便の予告	
2.0		
2.6	・おむつの使用の離脱 ・付き添えば一人で排尿ができる	・排尿排便の事後通告
3.0	・パンツをとれば排便ができる	・排尿排便の予告 ・付き添えば一人で排尿ができる
3.6	・排尿の自立	・おむつの使用の離脱 ・排尿の自立 ・パンツをとれば排便ができる
4.0	・排便の自立 ・夢中粗相の消失	・排便の自立
4.6	・排便の完全自立（紙の使用）	・夢中粗相の消失
5.0		・排便の完全自立（紙の使用・和式洋式の利用）

出所：谷田貝公昭・高橋弥生『データでみる　幼児の基本的生活習慣――基本的生活習慣の発達基準に関する研究（第３版）』一藝社，2016年より一部引用。

があると答えた乳幼児は76.2％であることが報告されています[11]。また，排便の時間に規則性があると答えた幼児は３割程度だとする調査結果もあり[12]，乳幼児の便秘症は10人に１人程度いるともいわれています[13]。排便習慣は食事や睡眠の習慣とも密接にかかわっており，適切な排便習慣の獲得のためには，子どもの生活全体を見通した援助が必要です。

11　厚生労働省「平成27年度乳幼児栄養調査結果の概要」2016年，p. 25。

12　谷田貝公昭・高橋弥生『データでみる　幼児の基本的生活習慣――基本的生活習慣の発達基準に関する研究（第３版）』一藝社，2016年，p. 106。

13　日本小児栄養消化器肝臓学会によれば，10人に１人くらいか，それ以上の子どもに便秘症が認められると考えられています（小児慢性機能性便秘診療ガイドライン作成委員会「こどもの便秘――正しい知識で正しい治療を」）。

❹ 着脱衣に関する習慣

おおよそ４歳には，脱ぐ・着ることが基本的に一人でできるようになります。着脱に興味や意欲が芽生えるのは１歳半頃からで，自分で脱ごうとしたり，自分で着ようとする姿もみられますが，なかなか最後まで一人で脱いだり着たりすることは難しい時期です。年齢を重ねても，裏表が逆だったり，ボタンがずれていたりといったことはよくあります。大人がすべて行うことは簡単ですが，子どもの“自分でやりたい”，“自分でできた”という気持ちを尊重し，必要な部分を援助していくことが大切です。また，脱いだ後の衣服をたたんだりしまったりすることも，大切に伝えていきたい習慣の一つです。

表3－6　基本的生活習慣の自立の標準年齢〈着脱衣〉

年齢	山下調査 (1935～1936年)	谷田貝調査 (2003年)
1.0		
1.6		・一人で脱ごうとする
2.0	・一人で脱ごうとする ・靴をはく	・一人で着ようとする
2.6	・一人で着ようとする	・靴をはく ・帽子をかぶる
3.0		・パンツをはく
3.6		・前ボタンをかける ・両袖を通す ・靴下をはく ・脱衣の自立 ・着衣の自立
4.0	・パンツをはく ・前ボタンをかける	
4.6	・両袖を通す ・靴下をはく	
5.0	・紐を前で結ぶ ・脱衣の自立	
5.6		
6.0	・着衣の自立	※紐を前で結ぶ（8歳）

➡出所：谷田貝公昭・高橋弥生『データでみる　幼児の基本的生活習慣――基本的生活習慣の発達基準に関する研究（第3版）』一藝社，2016年より一部引用。

そのためには，子どもにとって扱いやすく，自分で着脱しやすい大きさやデザインの衣服を準備することも重要です。園生活のなかで着替える機会も多いため，安全性への配慮とともに，子どもが着脱しやすい衣類の必要性を保護者へ伝え，準備をお願いする必要があります。

また，衣服は文化や季節に応じて異なりますし，時代を反映するものでもあります。着脱衣の自立の時期が1935～1936年の調査と比較してかなり早くなっているのも，ボタンや紐がなく，伸縮性がよいといった，着脱しやすい子ども服が普及したためだと推測されます（表3－6）。夏であれば水着，冬であれば防寒具など，季節ならではの着脱が難しい衣類もあり，その都度，扱い方を伝えていく必要があります。また，季節や天気，活動内容に応じて，適宜衣服を調節すること，その必要性を子ども自身で感じて行動することも，幼児期の間に身につけてほしい内容です。

❺清潔に関する習慣

生活に関する習慣は，顔を洗う，入浴する，歯磨きをする，手洗い・うがいをする，汚れた衣服を着替える，鼻をかむ，爪を切る，髪や衣服を整える，持ち物やロッカーを清潔に保つなど，広範囲に及びます（表3－7）。

歯磨きや手洗い・うがいは，むし歯や感染症などの予防にもつながり，早い時期から獲得が目指される習慣です。就寝前の歯磨きは1歳半頃，3歳になる前には手洗い・うがいが習慣化されます。病気予防の観点からも，手洗い・うがい，歯磨きの重要性は理解されるようになっています。しかし，毎日行うようにはなったとしても，子どもだけでは不十分な場合も多く，大人も一緒に行ったり，“仕上げ”をしたり，といったかかわりが必要です。

また，石鹸で手を洗うといい匂いがする，歯を磨くとすっきりするといった感覚的な心地よさとともに，「風邪のバイキンがいなくなるからね」など，その行為の意味を伝えていくことも重要です。清潔にすることが病気の予防の関係があることがわかると，「バイキンをやっつける」と，自分から進んで，丁寧に行うようになります。

清潔の習慣の獲得は，子どもの自発性を待っているだけでは難しいものも多くあります。ベネッセ教育総合研究所の調査では，「歯をみがいて，口をすすぐ」ことができると答えた2歳児は，2005年では73.3％でしたが，2015年は59.1％となっています。3・4・5歳でも，2005年から5％程度，低くなっています。[14] 歯磨きの習慣は，子ども自身に緊急性が感じられにくいこともあり，歯磨きを拒む子どもや，自分からはやろうとしない子どもも少なからずいます。また，保護者に時間や気持ちの余裕がなく，丁寧にかかわることが難しい場合もあるでしょう。

また，爪を切ることは子どもだけでは難しく，大人がチェックして定期的に整える必要があります。鼻をこまめにかんだり，髪や衣服を整えたりすることも，大人が率先して子どもへはたらきかけることで，子どもに“気持ちいい”，“きれいだとうれしい”という感覚が生まれ，自ら意識して行動するようになっていきます。子どもが見やすい場所に鏡を置く，ものをきれいに整えておくといったことも大切です。大人の清潔への意識が，子どもの清潔に対する感覚

➡14　ベネッセ教育総合研究所「第5回幼児の生活アンケートレポート」2016年，p. 32。

表３－７　基本的生活習慣の自立の標準年齢〈清潔〉

年齢	山下調査 （1935～1936年）	谷田貝調査 （2003年）
1.0		
1.6		・就寝前の歯磨き
2.0		
2.6	・手を洗う	・うがい ・手を洗う
3.0		・顔を拭く ・石鹸の使用
3.6	・石鹸の使用	・食前の手洗い
4.0	・うがい ・顔を洗う ・顔を拭く ・鼻をかむ	・顔を洗う ・髪をとかす ・鼻をかむ
4.6		
5.0	・口ゆすぎ（朝） ・食前の手洗い ・髪をとかす	・朝の歯磨き
5.6	・朝の歯磨き	
6.0		

出所：谷田貝公昭・高橋弥生『データでみる　幼児の基本的生活習慣――基本的生活習慣の発達基準に関する研究（第３版）』一藝社，2016年より一部引用。

と習慣に大きな影響をもたらすといえるでしょう。

Book Guide 

- 谷田貝公昭・高橋弥生『データでみる　幼児の基本的生活習慣――基本的生活習慣の発達基準に関する研究（第３版）』一藝社，2016年。
  本章でも紹介した，子どもの基本的生活習慣の獲得状況についての調査がまとめられたものです。山下俊郎が1935～1936年に実施した調査の追試ともなっており，70年間の変化について膨大なデータから比較検討されています。
- 五味太郎『みんなうんち』福音館書店，1981年。
  基本的生活習慣にかかわる絵本はたくさんありますが，いわゆる“しつけ絵本”ではなく，“うんち”の不思議さや大切さがユーモアをもって描かれています。「いきものは食べるから，みんなうんちをするんだね」と，“いきもの”全てにとって，食べたら“うんち”をすることが自然で大事であることを伝えてくれる絵本です。

Exercise

1. 新聞記事検索サイトなどから，子どもの生活リズムや基本的生活習慣に関する新聞記事を見つけ，子どもの生活習慣の現状と課題について最新の状況を確認しましょう。
2. 子どもたちの生活習慣に関する絵本を探し，どのようなものがあるか仲間と紹介し合いましょう。

第 4 章

乳幼児期の食生活

写真はもち米を機械でお餅にしている時のものです。様々な年齢の子どもたちが，段々とお米がお餅になっていく様子に引き込まれて集まってきています。皆さんはお餅つきを経験したことがありますか。その時の思い出は楽しかったですか？　小さい頃のお餅つきの経験（経験したことがない人は，乳幼児期にそのような経験をした方がよいかどうかも含めて）を通して，乳幼児期に子どもはどのように食生活にかかわっていたかを話し合ってみましょう。

時代を少しさかのぼり，農業などが生活の中心にあった時代には，食にかかわる日常や行事などが，身近に豊富にありました。写真のお餅つきの様子は，機械によるものですが，お正月という新年を迎える行事として，お餅つきは家族総出で取り組む大きなイベントであったはずです。今では，各家庭はもちろんのこと，幼稚園や保育所でも，お餅つきが消えつつあります。お餅が喉に詰まってしまう危険性があることや，お餅にアレルギーがある子がいること，またお餅つきを通して，ノロウィルスやインフルエンザなどが広がることを懸念して，お餅つきをしなくなった園も多くあるからです。

その一方で，子どもの側から食生活を考えてみると，生活に根差した食の豊かさ，多様さは消えてしまうのがもったいない魅力をもっています。写真のように，お米がお餅に変わっていく瞬間などは，まさに子どもにとって驚きです。つきたてのお餅を食べるのも，何ともいえないおいしさです。

失われつつある日本の行事には，その多くに，季節感を感じられる豊かな食べ物が用意されていました。お正月や節分，お雛様や端午の節句（こどもの日），お彼岸や十五夜など，子どもの身近に食を感じたり味わう機会があったのです。

このようなことを，保育にすべて取り入れて行うというわけではありません。乳幼児期の食生活を考える際に，食の安全や衛生面，栄養やアレルギー，しつけなど，目の前の子どもを前にして，押さえなければならない大事なことはありつつも，その一方で，季節感も含め，楽しく食べるという人間本来の食のあり方について，乳幼児の食生活で考えてみる必要があると思っています。

子どもの食を取り巻く現状と課題

食べることは私たちの毎日の生活に欠かせない時間です。お腹を満たすだけでなく，楽しい会話も弾み，食事の時間を一緒に過ごすことで仲良くなることもできます。他者と共に食事をすることは，他の動物にはみとめられない人類固有の行動様式なのだそうです[1]。また日本の行事食や伝統食は四季を感じることができますし，農事や神事ともつながる文化をもっています。多面的な広がりをもつ食は人が生きる上で栄養を摂取するだけでなく，健康で幸福な人生を送る上で欠かせないものであり，食事の時間は人生を豊かなものにしてくれる大切な時間です。今や日本は世界でもトップレベルの長寿国となりました。長い人生のなかで豊かな食を営む基礎はこの世に生を受けた乳幼児期から育まれます。人が一生を幸福に過ごすためにそれぞれの生活が満たされる食生活を育む力を身につけたいものです。しかし一方では食生活に関する課題も浮き彫りになってきています。厚生労働省が2015年度に発表した乳幼児栄養調査からいくつかの課題を読み解いてみましょう。

➡1　外山紀子『発達としての共食――社会的な食のはじまり』新曜社，2008年，p. 5。

❶ 朝食の欠食について

毎日，朝食を「必ず食べる」と回答した子どもの割合は93.3％で，朝食をほとんど食べない場合も含めると欠食する子どもの割合は6.4％であることがわかります（図4－1）。

朝食を必ず食べる子どもの割合について，保護者の朝食習慣別にみると（図4－2），保護者が朝食を「必ず食べる」と回答した場合は朝食を必ず食べる子どもの割合が最も高く95.4％だったのに対し，保護者が朝食を「ほとんど食べない」「全く食べない」と回答した場合は朝食を必ず食べる子どもの割合がそれぞれ78.9％，79.5％と8割を下回っていました。また朝食を必ず食べる子どもの割合について，子どもの起床時刻別にみると（図4－3）平日「午前6時前」と最も早い起床時刻で97.6％と最も高く，就寝時刻別では平日「午後8時前」で97.8％と最も高くなりました。これら3つの図を総合

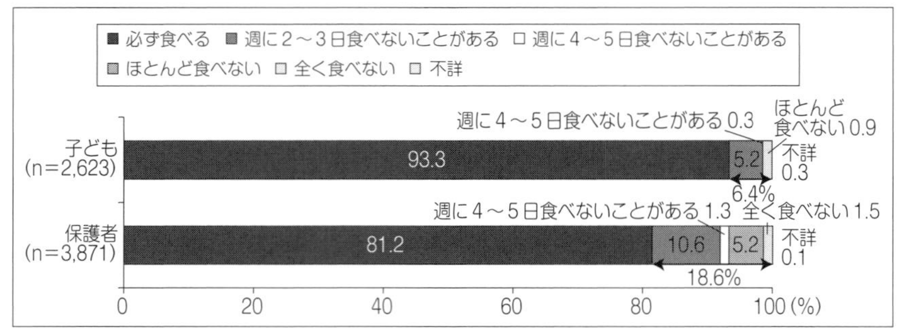

図４－１　朝食習慣（子ども・保護者）

注：回答者：子ども２～６歳児の保護者，保護者０～６歳児の保護者。
出所：厚生労働省「平成27年度乳幼児栄養調査結果の概要」2016年，p. 19。

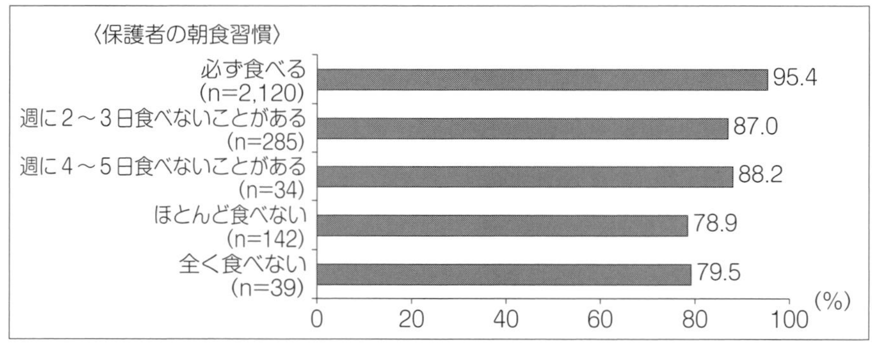

図４－２　保護者の朝食習慣別朝食を必ず食べる子どもの割合

注：回答者：２～６歳児の保護者。
出所：厚生労働省「平成27年度乳幼児栄養調査結果の概要」2016年，p. 19。

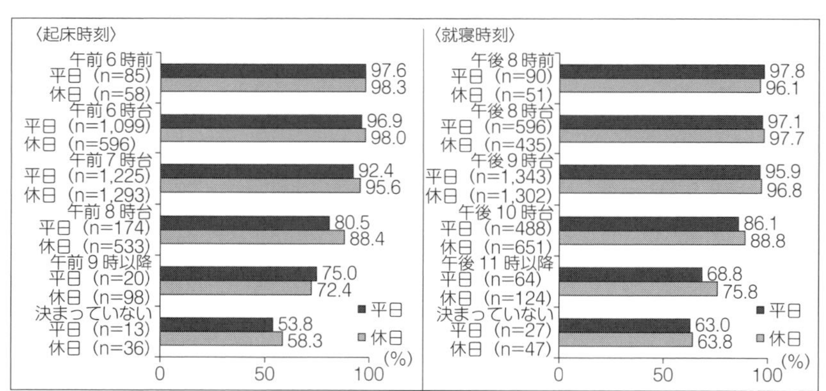

図４－３　子どもの起床時刻・就寝時刻（平日，休日）別朝食を必ず食べる子どもの割合

注：回答者：２～６歳児の保護者。
出所：厚生労働省「平成27年度乳幼児栄養調査結果の概要」2016年，p. 20。

してみると，生活リズムを配慮し，夕食から就寝までの過ごし方，起床から排泄，朝食までを生活の流れとして考えるとよいことがわかります。一方で母親や父親の就業時間の問題など，家族だけで解決できない場合もあります。子どもの援助者としては，子どもを取り巻く家族の状況も鑑みて家庭とのコミュニケーションを続けるこ

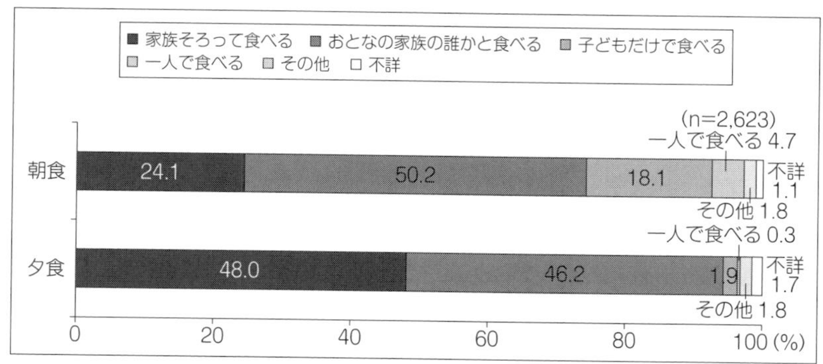

図４−４　子どもの共食（朝食・夕食）の状況

注：回答者：２〜６歳児の保護者。
出所：厚生労働省「平成27年度乳幼児栄養調査結果の概要」2016年，p. 18。

とが大切です。

❷ ７つのこ食

食事は団欒のひとときです。大人と子どもが食卓を囲んで和やかな雰囲気で食事をすることは，おいしい食事がより心地よいものになります。しかし平成27年度乳幼児栄養調査ではこの点でも課題が浮かび上がってきました。いわゆる子どもが一人で食事をする「孤食」の問題です[2]。

子どもの共食の状況を示した図（図４−４）から，朝食は「おとなの家族の誰かと食べる」ものの回答率が50. 2%と最も高く，夕食は「家族そろって食べる」ものの回答率が48. 0%と最も高いことがわかります。おおむね食事は家族や大人の誰かと一緒に食べる傾向がみられますが，「子どもだけで食べる」や「一人で食べる」割合も存在しています。食卓を囲んで大人と子どもがとっていたコミュニケーションは，楽しみだけではなく，子どもは大人の食べ方を見て食のマナーを身につける絶好の機会でした。また居場所を感じる心の安定にもつながります。食事はただ栄養を摂取するだけではなく，子どもの食行動の発達の場でもあるのです。「孤食」により子どもは絶好の学びの機会を失っているかもしれません。

他にも社会の多様化による食生活の変化として「こ食」が取り上げられていますので表に示します（表４−１）。

２　生態学者の足立己幸は，1982年に小学生を対象として食生活調査を行った結果から小学生の「孤食」を最初に報告しました（足立己幸・NHK「おはよう広場」班『なぜひとりで食べるの——食生活が子どもを変える』日本放送出版協会，1983年）。

表4－1　避けたい７つのこ食

孤食	一人で食べる
個食	複数で食卓を囲んでいても食べているものがそれぞれ違う
子食	子どもだけで食べる
小食	ダイエットのために必要以上に食事量を制限する
固食	同じものばかり食べる
濃食	濃い味付けの物ばかり食べる
粉食	パン，麺類など粉から作られた物ばかり食べる

出所：厚生労働省「保育所における食事の提供ガイドライン」2011年，p. 3。

Work 1　毎日の食生活を振り返ってみよう

自分の食生活を振り返り，「こ食」の具体的な例を挙げましょう。

❸ 間食について

乳幼児期において，間食の位置づけは生活リズムを整えたり，不足する栄養を摂取する大切な役割を果たしています。乳児の場合，まだ内臓の発達が十分でないため頻回に栄養を摂取する必要があります。幼児においても，活動量の栄養補給と同時に，骨格筋が成長するための十分なエネルギーを摂取する必要があります。朝食，昼食，間食，夕食の４回の食事と捉えるとよいでしょう。保育所や幼稚園，幼保連携型認定こども園では，間食として，おりぎりやサンドイッチ，うどんやお団子などの献立も採用しています。

❹ 遊び食い，偏食，むら食い

子どもの食事で困っていることについて保護者の感じていることの調査結果もあります（図4－5）。「遊び食べをする」項目で割合が高く，次に「食べるのに時間がかかる」「偏食する」「むら食い」といった項目が挙がっています。乳幼児は口腔機能が発達する時期であり，精神面の発達も月齢を追うごとに変化していきます。子どもの食欲は生活リズムやその日の体調などの影響も受けやすいのも特徴です。これらのことを合わせて考えると，食べむらがあったり一定の期間偏食傾向になることもあります。遊び食べも程度によって

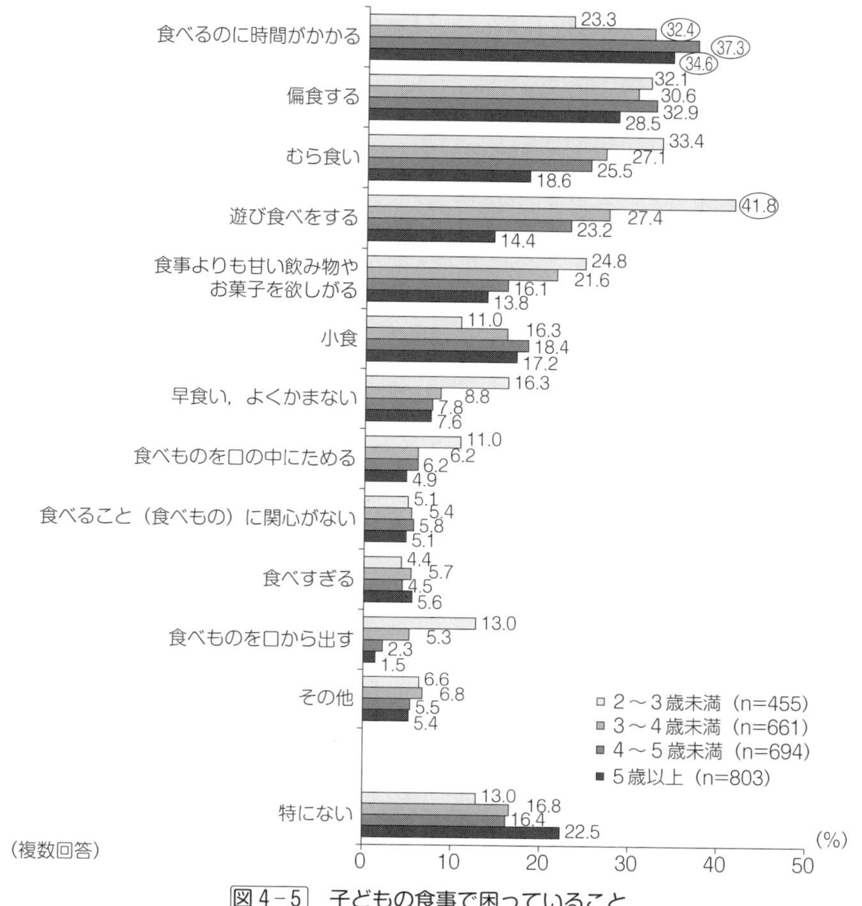

図 4－5　**子どもの食事で困っていること**

注：回答者：2～6 歳児の保護者。
出所：厚生労働省「平成27年度乳幼児栄養調査結果の概要」2016年，p. 15。

は成長の過程と捉え，周りの大人が寄り添っていることも大切です。「おいしいね」と言って笑顔を交わすことで子どもとの信頼関係を築き，子どもが安心感をもって「おいしいな」と感じられるとよいでしょう。思うように食事が進まない時，周囲の大人は不安を感じることがありますが，子どもの身長や体重の成長や健康状態などの客観的指標で判断することが大切です。

❺ 保護者の食の状況変化

　社会の多様化のなかで大人の食の状況も変化しています。両親の共働き，核家族化，若年層（20歳台）の食の乱れなどが例としては挙げられます。母親の仕事の事情で子どもの夕食時間が遅くなり，生活リズムを整えることが難しい場合もあります。子どもの孤食は

➡3　内閣府「第３次食育推進基本計画」2018年。

核家族化が影響しているともいえます。第３次食育推進基本計画[3]では重点項目に「若い世代を中心とした食育の推進」や「多様な暮らしに対応した食育の推進」が挙げられています。子どもの保護者世代が食に対する関心が低いという指摘も挙げられています。食の課題は子どもの問題ではなく，大人が課題を解決していくことがひいては子どもの食環境を豊かにしていくのです。保育所や幼稚園，幼保連携型認定こども園は家庭との連携を大切に，子どもの毎日の食を支える役目があるといってもよいでしょう。

Work 2　大人と子どもの食生活

大人の生活習慣が子どもの食生活に及ぼす影響を考えてみましょう。

2　乳幼児期に培いたい「食を営む力」

❶ 発育・発達過程に応じて育てたい“食べる力”

発育発達段階に応じた適切な食の体験を積み重ねていくことは，生涯にわたって健康で生き生きとした生活を営むための食の土台をつくります。それは成長するというだけではなく，成人してからの食事を営む能力を形成していくのです。子どもの摂食機能は月齢によって異なり，食事は摂食能力を高めていくものでなくてはなりません。特に乳児期は咀嚼機能や嚥下能力を培う食事を整えるとよいでしょう。厚生労働省は2004年に「楽しく食べる子どもに――食からはじまる健やかガイド」を発表し，発育発達にあわせた食事の特徴を表しています（図４−６）。

母乳やミルクから離乳食に移行する生後５～６か月頃では，調理形態はなめらかにすりつぶした状態が，子どもが口に含みやすく，十分に味わうことができます。その後，乳歯の生え具合や，舌や顎を動かす摂食機能の発達にあわせて，調理形態を固くしたり，切り方を大きくしたりします。いつまでもすりつぶしたり，細かく刻み

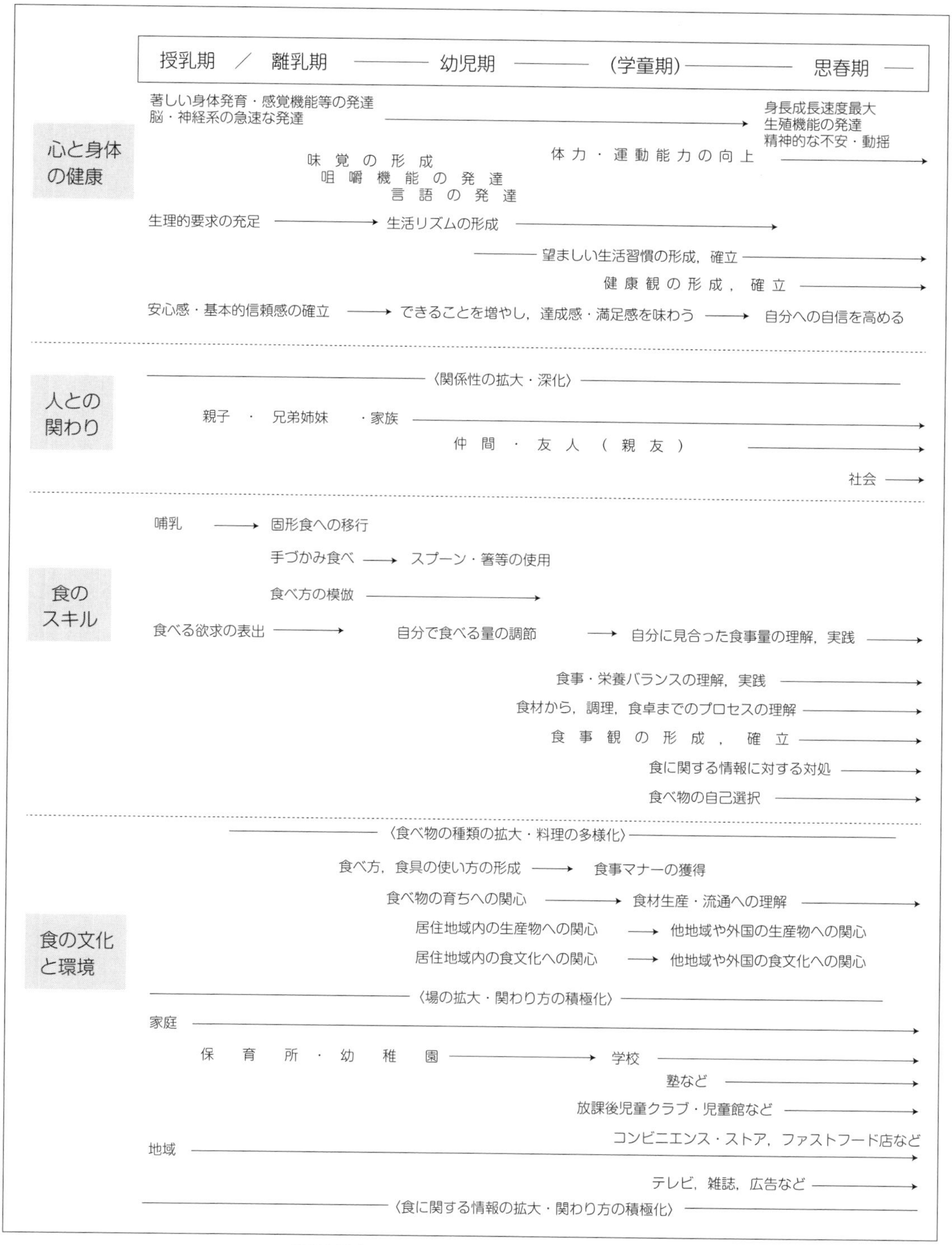

授乳期　／　離乳期　――　幼児期　――　（学童期）――　思春期　―

心と身体の健康

著しい身体発育・感覚機能等の発達
脳・神経系の急速な発達 → 身長成長速度最大
生殖機能の発達
精神的な不安・動揺

味覚の形成
咀嚼機能の発達
言語の発達

体力・運動能力の向上 →

生理的要求の充足 → 生活リズムの形成 →

― 望ましい生活習慣の形成，確立 →

健康観の形成，確立 →

安心感・基本的信頼感の確立 → できることを増やし，達成感・満足感を味わう → 自分への自信を高める

人との関わり

―〈関係性の拡大・深化〉―

親子・兄弟姉妹・家族 →

仲間・友人（親友） →

社会 →

食のスキル

哺乳 → 固形食への移行

手づかみ食べ → スプーン・箸等の使用

食べ方の模倣 →

食べる欲求の表出 → 自分で食べる量の調節 → 自分に見合った食事量の理解，実践 →

食事・栄養バランスの理解，実践 →

食材から，調理，食卓までのプロセスの理解 →

食事観の形成，確立 →

食に関する情報に対する対処 →

食べ物の自己選択 →

食の文化と環境

―〈食べ物の種類の拡大・料理の多様化〉―

食べ方，食具の使い方の形成 → 食事マナーの獲得

食べ物の育ちへの関心 → 食材生産・流通への理解 →

居住地域内の生産物への関心 → 他地域や外国の生産物への関心

居住地域内の食文化への関心 → 他地域や外国の食文化への関心

―〈場の拡大・関わり方の積極化〉―

家庭 →

保育所・幼稚園 → 学校 →

塾など →

放課後児童クラブ・児童館など →

地域 →

コンビニエンス・ストア，ファストフード店など

テレビ，雑誌，広告など →

―〈食に関する情報の拡大・関わり方の積極化〉―

図４－６　発育発達にあわせた食事の特徴

出所：厚生労働省「楽しく食べる子どもに――食からはじまる健やかガイド」2004年，p. 9。

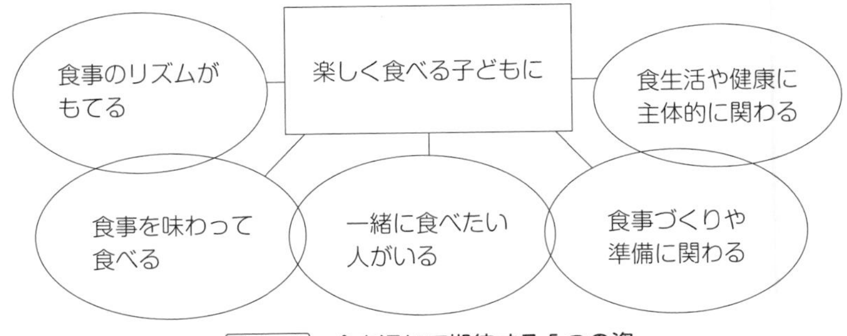

図4－7　食を通じて期待する５つの姿

出所：厚生労働省「楽しく食べる子どもに——食からはじまる健やかガイド」2004年，p. 7より一部改変。

すぎていては，子どもの摂食能力の発達を促すことができません。食べ物の食感を楽しむのも，食を楽しむ一例です。

❷ 期待する子ども像

食べることは味わう，調理する，買い物をする，作物を育てる，いろいろな人とかかわるなどたくさんの行動を組み合わせて営まれる時間です。食の機会を大切に，楽しんで過ごすことができる目標像として具体的に５つの姿が示されています（図4－7）。また，乳幼児期はその発育発達段階に能力の違いがあるので，それぞれの月齢や年齢にあわせた体験を積むことができるように配慮していくことも大切です（図4－8）。

Episode 1　食べる時間を楽しむ２歳児クラス

たっぷり遊んでお昼ご飯の整ったお部屋に入ってきた２歳児の10人，それぞれが手を洗ったり，「今日のごはん，なぁに～」とおかずの器をのぞいたり，自分の仕度を整えてテーブルにつきます。A園では，２つの丸テーブルに分かれて座り，準備が整った子どもから自分で「いただきます」をして食事を始めます。１テーブルに保育者を入れて７人が座ると，向かい合った子ども同士，おしゃべりができて，和気あいあいとした雰囲気に包まれた食卓になります。子どもたちは，今日あった遊びの話や，食べているおかずの話……。時には苦手な食べものに苦戦している様子もありますが，“食卓を囲む”温かい時間を味わえるのも，食べる時間を楽しむ一例だといえるでしょう。

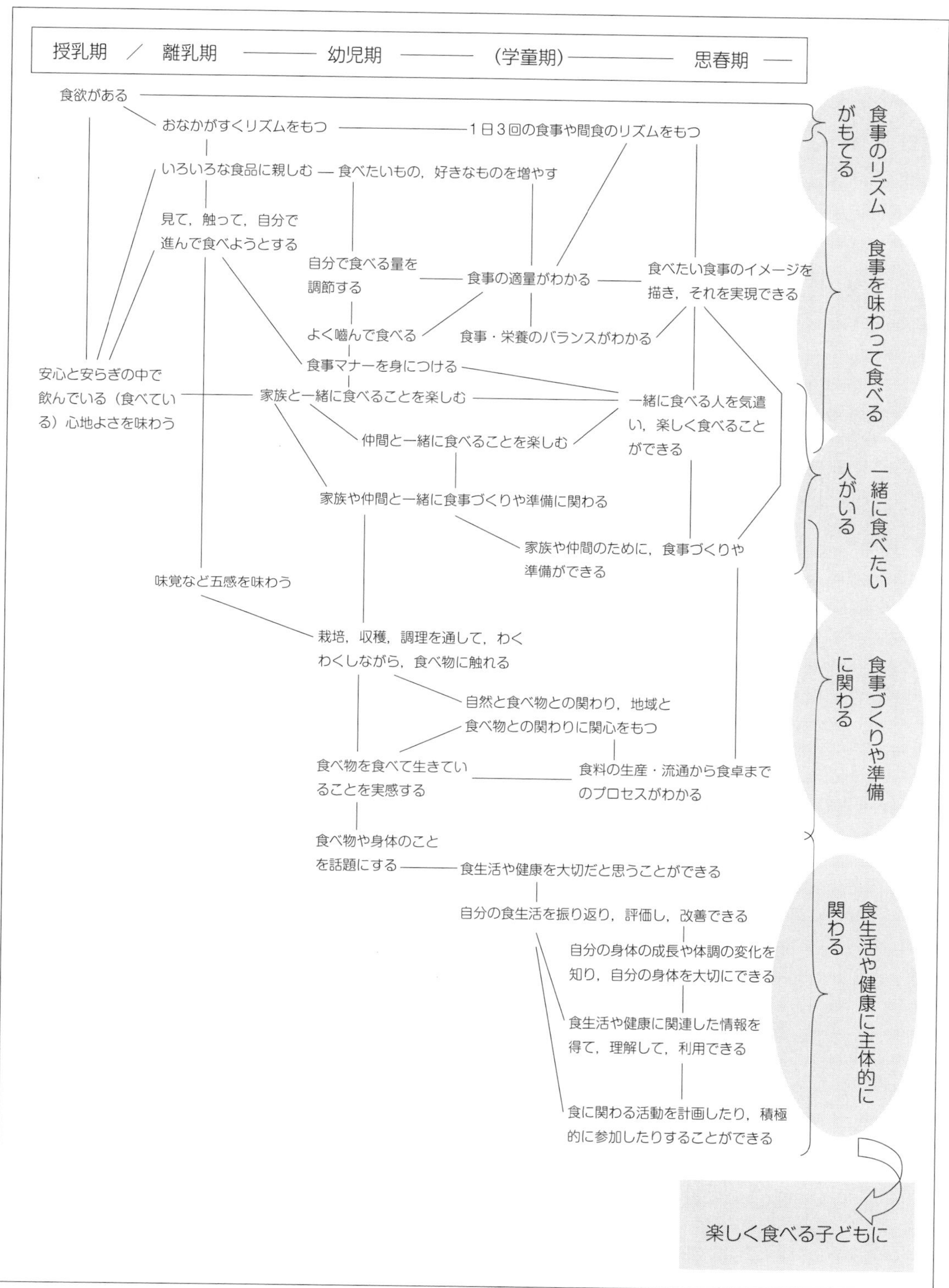

図4－8　発育・発達過程に応じて育てたい“食べる力”

出所：厚生労働省「楽しく食べる子どもに――食からはじまる健やかガイド」2004年，p. 13。

Episode 2　自分たちで献立を決める年長クラス

お泊りキャンプが近づいた夏，子どもたちはキャンプの夕飯のメニューを話し合いました。カレーや流しそうめん，ピザ……。いろいろな案が出てきます。話し合いの結果，選んだものは“バーベキュー”。それには理由がありました。春からの4か月，「焼く」ことにテーマを絞って食を通じた楽しみを経験してきたからです。最初は，お散歩の途中で焼リンゴ。次は，お昼ご飯で焼き鳥。その次は，給食メニューのハンバーグをみんなでアレンジして自作ハンバーガー。最後はお泊りキャンプのバーベキュー。子どもたちの，食べることを楽しもうとするアイデアに，寄り添う大人までワクワクしていました。「楽しく食べる子ども」の姿を想像しながら，保育者と調理室はよりよいチームプレイを発揮したいものです。

3　アレルギーのメカニズム

❶ アレルギー発症のメカニズム

アレルギー疾患のメカニズムは明確に証明されていない部分もありますが，大まかに捉えると私たちの体のなかで起こる免疫反応の一部といえるでしょう。本来の免疫反応とは体に入ってきた有害な物質（抗原）に対して抗体ができ，次に同じものが入ってきた時に異物と認識して体を外敵から守る役割を果たす反応のことですが，無害な物質にまで過剰に免疫反応を起こしてしまうのがアレルギー疾患であると解釈することができます。

花粉症，気管支喘息，アレルギー性鼻炎，アレルギー性結膜炎，アトピー性皮膚炎，食物アレルギー，アナフィラキシーショックなどがあり，一人がいろいろなアレルギー疾患を発症する可能性もあります。

❷ 食物アレルギー

子どもによくみられるアレルギー疾患として，例えば気管支喘息，アトピー性皮膚炎，アレルギー性結膜炎，アレルギー性鼻炎などが挙げられますが，この章では，乳幼児の食生活にかかわりのある食物アレルギーについて詳しく取り上げます。[➡4]

➡4　第9章第2節も参照してください。

表4－2　食物アレルギーの臨床型

臨床型		発症年齢	頻度の高い食物	耐性獲得（寛解）	アナフィラキシーショックの可能性	食物アレルギーの機序
新生児・乳児消化管アレルギー		新生児期 乳児期	牛乳（乳児用調製粉乳）	多くは寛解	（±）	主に 非 IgE 依存性
食物アレルギーの関与する乳児アトピー性皮膚炎		乳児期	鶏卵，牛乳，小麦，大豆など	多くは寛解	（＋）	主に IgE 依存性
即時型症状（蕁麻疹，アナフィラキシーなど）		乳児期～成人期	乳児～幼児： 鶏卵，牛乳，小麦，そば，魚類，ピーナッツなど 学童～成人： 甲殻類，魚類，小麦，果物類，そば，ピーナッツなど	鶏卵，牛乳，小麦，大豆などは寛解しやすい その他は寛解しにくい	（＋＋）	IgE 依存性
特殊型	食物依存性運動誘発アナフィラキシー（FDEIA）	学童期～成人期	小麦，エビ，果物など	寛解しにくい	（＋＋＋）	IgE 依存性
特殊型	口腔アレルギー症候群（OAS）	幼児期～成人期	果物・野菜など	寛解しにくい	（±）	IgE 依存性

出所：「食物アレルギーの診療の手引き2017」検討委員会「食物アレルギーの診療の手引き2017」2018年，p. 1。

食物アレルギーとは，「食物によって引き起こされる抗原特異的な免疫学的機序を介して生体にとって不利益な症状が惹起（じゃっき）[5]される現象」と定義されています。非免疫学的機序による食物不耐症（代謝性疾患，薬理学的な反応，毒性食物による反応など）は含みません[6]。

ここでは，表4－2をもとにして，食物アレルギーについて，発症の特徴別にみていきましょう。

まず，「新生児・乳児消化管アレルギー」は，主に非 IgE 依存性（細胞依存性[7]）で，新生児・乳児が原因食物を口にした場合，嘔吐や血便，下痢などの消化器症状として発症します。主な原因食物としては，牛乳が挙げられます。

「食物アレルギーの関与する乳児アトピー性皮膚炎」は，食物に対する IgE 依存性があり，食物が湿疹の症状を悪化させてしまいます。時には原因食物の摂取で即時型症状を誘発することもあるので，食事への配慮も必要な場合があります。

「即時型症状」は，食物アレルギーの最も典型的なタイプです。原因食物摂取後，通常2時間以内にアレルギー反応による症状を示すことが多いようです。乳児・幼児早期の即時型食物アレルギーの主な原因は鶏卵，乳製品，小麦ですが，その後加齢とともに耐性を

5　問題などをひきおこすことです。

6　「食物アレルギーの診療の手引き2017」検討委員会「食物アレルギーの診療の手引き2017」2018年。

7　IgE 抗体とは，血中にある免疫グロブリンの一種で，IgE 依存性の食物アレルギーとは，アレルゲンが体に入り，マスト細胞などの上にある特異的 IgE 抗体に結合することでヒスタミンなどの化学伝達物質が放出され，アレルギー症状が出ることをいいます。

獲得することが報告されています。

「食物依存性運動誘発アナフィラキシー」は，原因食物を摂取後に運動することによってアナフィラキシーが誘発される病型をいいます。原因食物摂取から2時間以内に誘発されることが多いとされ，万が一原因食物を摂取した場合は，食後最低2時間（可能なら4時間）は運動を避けることが必要です。

「口腔アレルギー症候群」は，口唇・口腔・咽頭粘膜におけるIgE依存性の即時型アレルギー症状をいいます。原因食物は生の果物や野菜にみられますが，食べた直後から口唇や口腔・咽頭のかゆみ，イガイガ感，血管浮腫などが起こります。

なお，アナフィラキシーとは「アレルゲン等の侵入により，複数臓器に全身性にアレルギー症状が惹起され，生命に危機を与え得る過敏反応」（日本アレルギー学会より）をいいます。それにともない血圧低下や意識障害をともなう場合をアナフィラキシーショックといい，命にかかわる危険性があるため，即座な応急処置が求められます。

保育所における食物アレルギー対応の基本原則は

・食物アレルギー対応においては安全・安心の確保を優先する
・完全除去対応（提供するか，しないか）
・家庭で食べたことのない食物は，基本的に保育所では提供しない

の3点が挙げられています[8]。

医師の診断及び指示に基づく生活管理指導表を活用し，給食委員会やアレルギー対応委員会など組織的に対応することが重要です。

また，アナフィラキシーが起こった時に備えて，緊急対応の体制を整えておくとともに，保護者と緊急時の対応について十分に相談しておく必要があります。

乳幼児期の食物アレルギーの症状は，成長とともに治癒することが多いことから，除去については定期的に見直しを行います。

給食での人的エラーの一例として，食事の誤配・誤食が挙げられます。食事内容を明記した配膳カードなどを作成し，調理員や栄養士，保育士の2重3重のチェックが可能なシステムを構築するなどの工夫が必要です。そのためにも，できるだけ単純な対応（完全除去または解除）で食事提供をすること，適切な人員配置で給食運営を行うことがポイントです。

➡8　厚生労働省「保育所におけるアレルギー対応ガイドライン（2019年改訂版）」2019年。

食育活動などの場面でも食物アレルギーへの配慮が必要です。活動の計画を行う際には使用材料，活動内容など，正しい知識をもって，適切な対応が必要です。

Book Guide 

・「食物アレルギーの診療の手引き2017」検討委員会「食物アレルギーの診療の手引き2017」2018年。

アレルギーには様々な原因物質と症状があります。軽度なものから重症度のものまで幅広く，周囲の大人は適切な知識を学ぶとともに緊急対応が必要な時には命を救わなくてはなりません。常に最新の情報にアンテナを張り，落ち着いて対応できるように心がけましょう。

・外山紀子『発達としての共食——社会的な食のはじまり』新曜社，2008年。

著者の幼稚園，保育園での詳細な観察記録とともに場面ごとの「人が共に食べる」ことの意味がわかりやすく描かれています。人と食べることの楽しさと，孤食への危機感を学べる一冊です。

Exercise

1. 子どもの食事場面を観察し，保育者がするべき援助の在り方を話し合ってみましょう。特に嚥下や咀嚼の様子や食具の使い方を観察し，安心して食事ができる環境が整っているか注目してください。
2. 友だちや安心できる大人と楽しく食事をしている場面で，子どもは他者からどのような刺激を得ることができるのか具体的な例を挙げてみましょう。

第5章

乳幼児期の運動発達

5歳女児が4人で一緒に大縄を跳んでいます。この姿のなかにどのような発達を読み取ることができるでしょうか。

この楽しそうな情景は，運動技能的にみると，縄の動きに跳躍を合わせ，また他児との距離を考えながら自分の体をコントロールできるという発達に支えられています。保育者はジャンパーを着ていますから季節は冬に近いようですが，女児のうち３人は裸足です。その方が跳びやすいことを自分たちで発見したのでしょうか。そこに子どもたちの縄跳びに向かう意欲をみることもできます。また，どの子どもも口を開けていますから，跳んだ数を数えているのかもしれませんね。目標をもって友だちと頑張ろうとする気持ちや社会性を読み解くこともできます。

子どもの運動発達は体の動きからだけではなく，心の動きや他者との関係等，多面的に捉えることが大切です。

従来，運動発達というと，何歳になるとどのような運動ができるようになるとか，何秒で走れるようになるなど，もっぱら能力向上という量的変化が取り上げられてきました。しかし，近年の生涯発達心理学では，走るのが速くなるなどの量的変化は発達の一部にすぎず，発達の本質は質的変化であると考えられるようになってきました[1]。そこで本章では，質的な変化を中心に運動発達について解説します。

1　杉原隆・河邉貴子（編著）『幼児期における運動発達と運動遊びの指導――遊びのなかで子どもは育つ』ミネルヴァ書房，2014年。

1　胎児・新生児期の運動発達の特徴

胎児がお母さんのお腹のなかで動いていることは古くからよく知られていました。しかし，いつ頃からどのような動きをしているかはよくわかりませんでした。近年，超音波診断装置が開発されて胎児の運動を観察することが可能になり，多くのことが明らかになってきていま す[2]。

2　小西行郎（編）『今なぜ発達行動学なのか――胎児期からの行動メカニズム』診断と治療社，2013年。

受精した卵子は細胞分裂を繰り返し，受精後８週頃になると体の全ての器官が形成され，人間としての形態が整います。この前後から胎動と呼ばれるいろいろな動きがみられるようになります。例えば手足の曲げ伸ばし，ハイハイをするような動き，指しゃぶり，全身を屈曲伸展回旋させる複雑で流暢な協調運動であるジェネラルムーブメント（GM）などの運動です。これらの運動は自発的運動であると考えられています。これに対して，特定の外的刺激によって引き起こされる原始反射と呼ばれる運動も現れます。体を支えて足の裏を床に着けると歩くように足を踏み出す歩行反射，掌に入る大きさのものを押しつけるとしっかり握る把握反射などが代表的なものです。自発運動や原始反射の特徴は無意識的，不随意的だということです。胎児が運動をしようと思って意図的に体を動かしているわけではないのです。新生児期の運動は胎児期と基本的には同じですが，運動の多くが意識的，意図的な随意運動[3]へと切り替えられていく移行期に位置づけられることが，その特徴といえるでしょう。このように，乳幼児期の運動は母親のお腹のなかにいる胎児の時から様々なかたちで準備されているのです。

3　自分の意思によって行われる意図的，意識的な運動のことです。大脳皮質からの指令によって筋肉が収縮することによって生じます。

2　乳児期の運動発達の特徴

❶ 乳児の運動発達

新生児の運動にはGMのように消失するもの，姿勢反射など大人になっても反射として残るものもありますが，主要な運動は全て乳幼児期に随意運動として行われるようになります。人間は非常に多くの種類の運動をしますが，発達的にみて最も基本となるのは，二本足で立って歩くという移動運動と，物に手を伸ばして握るという操作運動です。

乳児は多くの運動をしますが，二足歩行につながる首のすわり，寝返り，お座り，ハイハイ，つかまり立ち，一人歩きは運動発達の重要な節目となる運動とされています。最近の乳児のこれらの運動発達の様子を示したのが図５－１[4]です。重要な節目となる運動とはいっても，注意すべきは個人差が大きいことです。一人歩きでは早い子は７・８か月，遅い子は16か月です。生後たった１年半くらいの乳児にもかかわらず，１年近くもの非常に大きな差があります。また，この順序どおりに全ての運動が出現するわけでもありません。ハイハイをしないで歩いたりする子どもも報告されています。あくまでも，大まかな目安と捉えておくのがよいでしょう。

➡4　厚生労働省「平成22年乳幼児身体発育調査報告書」2012年。

物に手を伸ばすという運動は，リーチングと呼ばれ，随意運動としてのリーチングは生後３・４か月頃に現れます。最初曲線を描くよう遠巻きに手を近づけますが，しだいに真っ直ぐ手を伸ばすようになっていきます。いろいろな位置にある物に手を伸ばすという経験を積み重ねることによって，物の位置に合わせて手の伸ばし方を変えるという目と手の協応性が成立していくのです。

はじめのうちは手を触れても握ることはできませんが，４・５か月になると，全ての指と手のひらを使ってわしづかみで握ることができるようになります。そして，７・８か月頃には親指が他の指と独立して対向して動くようになります。さらに，１歳くらいになると，人差し指も他の指と独立して動かせるようになり，小さな物で

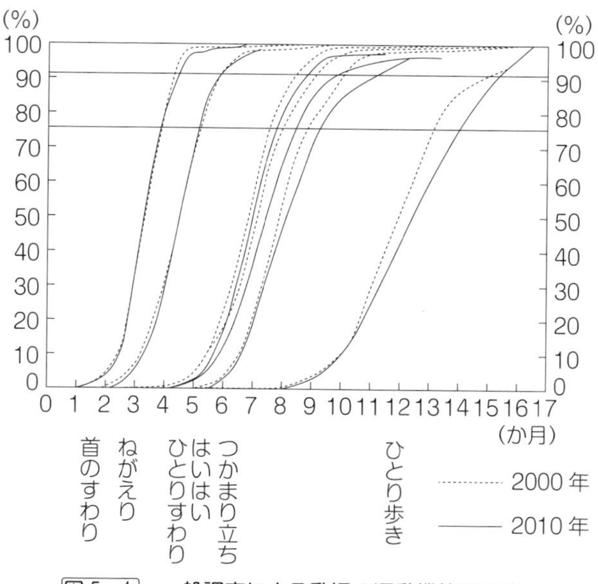

図5－1　一般調査による乳児の運動機能通過率

出所：厚生労働省「平成22年乳幼児身体発育調査報告書」2012年。

も指先でつまめるようになります。また，瓶のふたを開けるといった両手を協応させた動きも可能になります。

乳児期のこのような運動発達は，以前はほとんど遺伝によって決められていると考えられていました。しかし近年では，環境の影響が大きいことが明らかにされています。全米スポーツ・体育連盟が公開した５歳児までの子どもの運動のガイドライン[5]では，一日のほとんどを狭いスペースで過ごす乳児の運動発達が遅れることが指摘されています。そして，いろいろな場所に子どもの興味を引く玩具を置き，這ったり歩いたりして取りに行き，手で弄ぶといった運動ができる環境を用意することを推奨しています。また，玩具は，いろいろな形や大きさや色や手触りのものが望ましく，大人とやり取りするなど，人との触れ合いのかたちで運動することの大切さも指摘されています。さらに，長時間にわたって運動が制限されないようにすることも強調されています。

5　National Association for Sport and Physical Education（2002）. *Active Start : A Statement of Physical Activity Guidelines for Children Birth to Five Years.*

❷ 乳児の運動と心の発達

新生児から乳児期の初期にかけては，自分という意識がない自他未分化な状態であると考えられています。自分と自分でないものを区別していないのです。生後２か月頃になると随意運動としての指しゃぶりが現れます。その後，手に持ったものは何でもなめたり噛んだりするようになります。自分の足を手で摑んでなめたり嚙んだりして，痛くて泣くようなこともあります。また，両手をいろいろに組み合わせるような動きをしてじっと見つめたりします。

自分の体に触れる運動は自己刺激的運動と呼ばれます。これらの様々な自己刺激的運動を通して，自分の体に触れたり嚙んだりした時と，自分の体以外のものに触れたり嚙んだりした時の感覚の違いに気づいていきます。このようにして自分と自分以外のものが区別できるようになり，自我が芽生えてくると考えられています。自分とは自分が動かす自分の体であり，自己刺激的運動によって自我という心が形成されるのです。このような自我は，身体運動的自我といってよいでしょう。

乳児の運動は認知的能力の形成とも密接な関係があります。乳児は興味を引くものに手を伸ばして握ったり，両手で弄んだり，振ったり，叩いたり，落としたりといった様々な運動を通して，積極的に環境に働きかけます。ハイハイや歩行ができるようになると，探索行動の範囲は大きく広がります。乳児はこのような運動による環境探索行動を通して，自分の運動が環境の変化を引き起こすことに気づいていきます。例えば，ガラガラを手渡された乳児は手に持って見つめたり舐めたりします。そのうち偶然手を振るとガラガラが鳴ります。このようなことを繰り返すうち，手を振るとガラガラが鳴ることに気づき，音を聞くために盛んに手を振るようになります。音を聞くという目的のために，手を振るという運動を手段として使うことができるようになるのです。言い換えれば，運動による一種の問題解決行動が現れます。このような運動による様々な問題解決行動を繰り返すうちに，２歳くらいになると，自分の体をどのように動かせば環境にどのような変化が起こるかを，実際に運動をする前に頭のなかでイメージし予測できるようになります。運動によって問題を解決するこのような能力を，ピアジェ（Piaget, J.）は感覚運動的知能と名づけました[6]。そして，感覚運動的知能が完成するとそれを基盤として，言葉や記号を使った思考である概念的知能が現れることを明らかにしたのです。以上述べてきたように，乳児期においては運動発達が心の発達と未分化で渾然一体となっているといってよいでしょう。

6　ジャン・ピアジェ，波多野完治・滝沢武久（訳）『知能の心理学』みすず書房，1960年。

高橋惠子ほか（編）『発達科学入門　［２］胎児期～児童期』東京大学出版会，2012年，p. 83。

3　幼児期の運動発達の特徴

❶ 運動発達の特徴の捉え方

発達を質的変化から捉える場合，重要になるのが発達する能力の違いです。どのような運動がどのくらい上手にできるかは，性質の全く異なる2種類の運動能力で決まります。一つは全身を活発に動かすのに必要な身体的エネルギーを生産する運動体力で，もう一つは自分の体を巧みに動かす運動コントロール（調整）能力です（図5−2[7]）。この2つのうち，幼児期から児童期初期にかけては，運動コントロール能力が一生のうちで最もよく発達する急増期です。と同時に，運動刺激・経験によって運動コントロール能力を最も高めやすい，いいかえれば最も容易に習得できる敏感期であると考えられています。

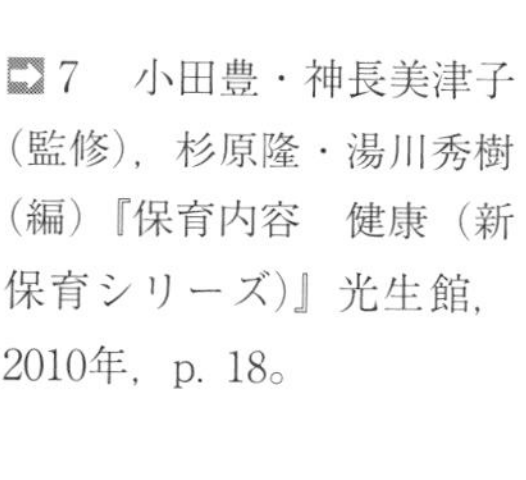

⇨7　小田豊・神長美津子（監修），杉原隆・湯川秀樹（編）『保育内容　健康（新保育シリーズ）』光生館，2010年，p. 18。

体を巧みに動かす運動コントロール能力とはどのような能力なのでしょうか。例えば，ボールをキャッチするという運動を考えてみましょう。うまくキャッチするには，飛んでくるボールをよく見て，コースや速さの違いに応じて手を出す位置やタイミングをコントロールする必要があります。この働きを知覚—運動協応といいます。知覚—運動協応は知覚，予測，意思決定，記憶などが大きく関係す

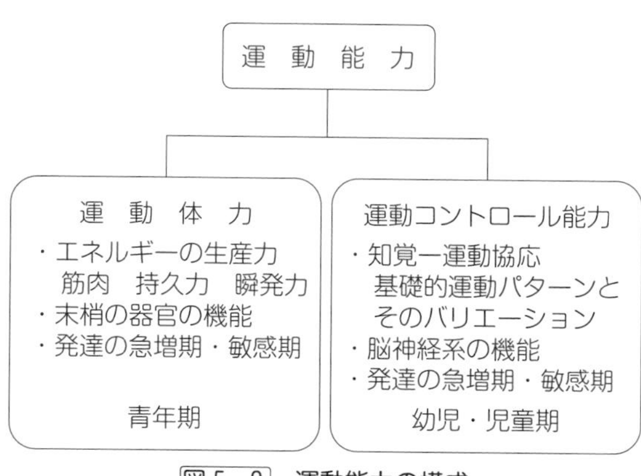

図5−2　運動能力の構成

⇨出所：小田豊・神長美津子（監修），杉原隆・湯川秀樹（編）『保育内容　健康（新保育シリーズ）』光生館，2010年，p. 18。

る脳神経系の働きです。脳神経系は生後数年の間に急激に発達します。例えば，脳重量は6歳頃には成人の約95％に達し，脳神経の働きを示す脳波も8～9歳頃には成人とほとんど同じになります。新しい行動の学習は，脳の神経細胞同士を結びつけて情報をやり取りする神経回路の形成によって行われます。神経細胞同士を連絡する接合部はシナプスと呼ばれますが，シナプスの数は4～6歳頃までに最大になり，その後減少することが最近わかってきました。つまり，乳幼児期の脳は柔軟で可塑性が高く，新しい神経回路が形成されやすいのです[8]。このような脳神経系の急激な発達に支えられて，その働きとして現れる運動コントロール能力が急激に発達するのです。それだけではなく，急激に発達する運動コントロール能力を発揮して多様な運動をすることが多くの神経回路の形成を促進し，俗にいう運動神経のいい子どもを育てると考えられます。

➡8　津本忠治『脳と発達——環境と脳の可塑性（シリーズ脳の科学）』朝倉書店，1986年，p. 17。
前掲書（➡2）。

❷ 幼児期の運動発達

幼児の運動コントロール能力発達の急増期・敏感期という特徴は，運動パターンの習得というかたちで現れます。身体のどの部位をどの方向に動かすか（空間的コントロール），どのような順序やタイミングで動かすか（時間的コントロール），どのような力の入れ具合で動かすか（力量的コントロール）を巧みに協応させることによって，走る，跳ぶ，投げる，蹴るなど様々な動きとそのバリエーション（変化）が生み出されます。乳幼児期に習得されるこれら外見的に区別される運動の形態は基礎的運動パターン（以下運動パターンという）とか基本の動きなどと呼ばれています。人間のもつ運動パターンは50以上あるとされていますが（表5-1），これら全てが6歳くらいまでに習得されるのです[9]。つまり，運動パターンのレパートリーという点からみれば，幼児期にすでに大人と同じレベルに達するのです。しかも注目すべきは，これらの運動パターンは大人から教えられなくても，適切な環境が与えられれば自発的に遊びを通して習得されるという特徴をもつことです。

➡9　石河利寛ほか「幼稚園における体育カリキュラム作成に関する研究Ⅰ——カリキュラムの基本的な考え方と予備調査の結果について」『体育科学』8，1980年，pp. 150-155。
前掲書（➡1）。

表5-1に示した運動パターンをみればわかるように，これらは体育やスポーツで行われる運動だけではなく，日常生活や職業のなかでも行われる運動です。いいかえれば，人間の全ての運動の基盤なのです。大きくなってどのような生活をしたり，職業についたり，

表５－１　運動パターン観察表

担当学年（○をつけてください）：３歳児・４歳児・５歳児　　クラス名＿＿＿＿＿＿＿＿

あなたのクラスの子どもは最近，どのような動きをしていますか。（最近：１か月 or １学期）

以下の動きについて「行っている子どもの割合」と「その頻度」の２点から当てはまる欄に○印をしてください。

クラスで行っている子どもの割合					運動パターン	クラスで観察された頻度				
どの子にもまったく見られない	一部の子に見られた	半数くらいの子に見られた	多くの子に見られた	ほとんどすべての子に見られた		ほとんど見られない	半数以下の日に見られた	ほぼ半数の日に見られた	半数以上の日に見られた	ほとんど毎日見られた
1	2	3	4	5	1　寝ころぶ—起き（立ち）上がる	1	2	3	4	5
1	2	3	4	5	2　逆さまになる，逆立ちする	1	2	3	4	5
1	2	3	4	5	3　バランスをとる	1	2	3	4	5
1	2	3	4	5	4　ぶらさがる	1	2	3	4	5
1	2	3	4	5	5　走る，追いかける—逃げる	1	2	3	4	5
1	2	3	4	5	6　跳ぶ，跳びこす，跳びつく，跳びはねる，スキップする	1	2	3	4	5
1	2	3	4	5	7　ころがる，でんぐり返しをする	1	2	3	4	5
1	2	3	4	5	8　這う	1	2	3	4	5
1	2	3	4	5	9　浮く，泳ぐ，もぐる	1	2	3	4	5
1	2	3	4	5	10　乗る，こぐ	1	2	3	4	5
1	2	3	4	5	11　登る，降りる	1	2	3	4	5
1	2	3	4	5	12　すべる	1	2	3	4	5
1	2	3	4	5	13　身をかわす	1	2	3	4	5
1	2	3	4	5	14　まわる，回転する	1	2	3	4	5
1	2	3	4	5	15　くぐる，入り込む	1	2	3	4	5
1	2	3	4	5	16　持つ，つかむ，にぎる	1	2	3	4	5
1	2	3	4	5	17　かつぐ，持ち上げる—下ろす	1	2	3	4	5
1	2	3	4	5	18　積む，のせる，置く	1	2	3	4	5
1	2	3	4	5	19　運ぶ	1	2	3	4	5
1	2	3	4	5	20　投げる，当てる，落とす	1	2	3	4	5
1	2	3	4	5	21　捕る（キャッチする），受ける	1	2	3	4	5
1	2	3	4	5	22　打つ，たたく，つつく	1	2	3	4	5
1	2	3	4	5	23（ボールなどを）つく，はずませる	1	2	3	4	5
1	2	3	4	5	24　ころがす	1	2	3	4	5
1	2	3	4	5	25　蹴る	1	2	3	4	5
1	2	3	4	5	26　踏みつける	1	2	3	4	5
1	2	3	4	5	27　組む，抱く	1	2	3	4	5
1	2	3	4	5	28　負う，おぶさる	1	2	3	4	5
1	2	3	4	5	29　押す，押さえる	1	2	3	4	5
1	2	3	4	5	30　ささえる	1	2	3	4	5
1	2	3	4	5	31　振る，振りまわす，まわす	1	2	3	4	5
1	2	3	4	5	32　引く，引っ張る，引きずる	1	2	3	4	5
1	2	3	4	5	33　縛る，巻く	1	2	3	4	5
1	2	3	4	5	34　たおす，押したおす	1	2	3	4	5
1	2	3	4	5	35　掘る	1	2	3	4	5

出所：杉原隆・河邉貴子（編著）『幼児期における運動発達と運動遊びの指導——遊びのなかで子どもは育つ』ミネルヴァ書房，2014年，p. 48。

スポーツをやりたくなっても，そこで必要とされる高度に特殊化された運動をスムーズに習得するための基礎となる運動なのです。

❸ 幼児期に経験しておくべき運動，習得しておくべき能力

以上の説明からわかるように，幼児期には，できるだけ多様な運動パターンとそのバリエーションを経験することと，そのことによって運動コントロール能力を高めておくことが非常に大切なのです。バリエーションとは，例えば走るという運動パターンであれば，いろいろな方向に，大またや小またやいろいろなスピードで，坂やデコボコなどいろいろな場所を，音楽や相手の動きに合わせてなどといった，走り方の変化のことです。これらのバリエーションも空間的，時間的，力量的な運動調整の違いによって生じます。そのため，例えば，同じ走り方の繰り返しではなく，いろいろな走り方をすることによって，運動コントロール能力が高まるのです。領域健康の内容の取扱いでは，幼児期に経験しておくべき運動と育むべき能力が，「多様な動きを経験する中で，体の動きを調整するようにすること」と記載されています。事実，全国調査の結果からも，多くの子どもが多様な運動パターンを頻度高く経験しているクラスの子どもほど，運動能力が高いことが明らかになっています。[➡10]

➡10　前掲書（➡1）。

実際の指導にあたっては，幼児教育終了までにできるだけ多くの運動パターンを経験しておくことが求められることになります。ごく大まかにいえば，３歳児クラスでは，運動パターン経験を広げることよりは，まず，自分のやりたい得意な活動をつくって十分楽しみ，高い運動意欲を培うことを中心に指導するのがよいでしょう。４歳児クラスでは，３歳児クラスで身につけた高い運動意欲を足がかりに，得意な活動に含まれていない運動パターンが経験できるよう，活動の幅を広げていくことが必要になってきます。そのためには，３歳児の時以上に様々な遊具などの物的環境を整えることが重要になるでしょう。５歳児クラスでは，決まりの理解や協力など社会性の発達を考慮して，集団的な活動のなかで運動パターンとバリエーションの経験頻度を高める指導が求められます。

このような指導を展開するためには，指導計画を作成する際，運動遊び場面だけでなく日常生活のなかで，子どもたちがどのような

運動パターンをどの程度経験してきたか，経験してこなかったかを把握することが必要になります。表5－1の観察表は，子どもたちの運動パターン経験を把握し，どのような活動を経験することが望ましいかを決めるための有効なツールとして利用できるでしょう。

Work 1　運動パターンの指導法を工夫してみよう

表5－1からいくつかの運動パターンを選び，その運動パターンが含まれる運動活動にはどのようなものがあるか，どのような環境（施設用具）を準備してどのように働きかければよいか，グループで話し合ってみましょう。

❹ 幼児期の運動体力

運動する時に必要な身体的エネルギーを生み出す能力である運動体力には，筋力，持久力，瞬発力があります。これらの能力は主として筋肉や骨格や呼吸循環器の働きです。そのため，成長ホルモンの影響を受けて身体が急激に大きくなる思春期から青年期が急増期になります。同時に，トレーニング効果が一生のうちで最も大きく現れる敏感期でもあります。高いパフォーマンスを目指して競技スポーツに取り組む身体的な準備が整う時期でもあるのです。これに対して幼児期は，運動体力は向上するものの発達量は小さく，トレーニング効果もほとんどありません。日常的に活発に運動するなかで様々な運動パターンを経験していれば，幼児期に必要な運動体力は結果的に身につくと考えてよいでしょう。[11]

➡11　前掲書（➡1）。

運動発達における遊びの重要性

❶ 大人主導の運動指導の問題点

運動コントロール能力が急激に発達する幼児期は，大きなエネルギーを必要とする運動でなければ大人と同じか，それ以上に高い運

表５−２　幼稚園で保育時間内に指導されている運動（2002年調査選択法複数回答）

運 動 種 目	園数	%
体　　操	44	61.1
水　　泳	32	44.4
マット・跳び箱・鉄棒	29	40.3
縄 跳 び	29	40.3
サッカー	20	27.8
散　　歩	19	26.4
マラソン	17	23.6
野外活動	12	16.7
いろいろな運動遊び	8	11.1
そ の 他	18	25.0

出所：杉原隆ほか「幼児の運動能力と運動指導ならびに性格との関係」『体育の科学』**60**（５），2010年。

動学習能力をもっているといえるでしょう。高い意欲をもつ幼児を指導して，逆上がりや水泳など様々な運動を上手にできるようにすることは，必ずしも難しいことではありません。しかし，同じような運動の繰り返しで運動が偏ったり，やりたくないのにやらされて運動意欲が育たず運動する機会が少なくなったりするなど，運動能力の発達を阻害する危険性が高いのです。

このことを，全国調査から得られた実証的なデータで示したいと思います[12]。保育時間内に何らかの運動を指導しているか，指導している園には種目（表５−２）と指導者を聞きました。指導者は外部派遣講師と園の体育専任教員が約70％を占め，体操や水泳や器械運動など小学校以降に教えられる運動を，専門家といわれる人が指導しているという実態がみえます。このような指導の結果，運動能力がどうなっているかを示したのが図５−３です。一番運動能力が高かったのは特定の運動を指導していない園で，次いで指導頻度の低い園，最も運動能力が低かったのは指導頻度の高い園でした。このことは，小学校以降に教えられるような運動を，大人が一方的に教えるという指導が，幼児期の運動発達に応じた指導になっていないことを明確に示しています。特定の運動の上達を目指した指導は，小学生になってからがよいのです。

12　杉原隆ほか「幼児の運動能力と運動指導ならびに性格との関係」『体育の科学』**60**（５），2010年，pp. 341-347。
前掲書（1）。

❷“遊び”という言葉の混乱

特定の運動を指導していない園では，子ども一人一人が自分の好

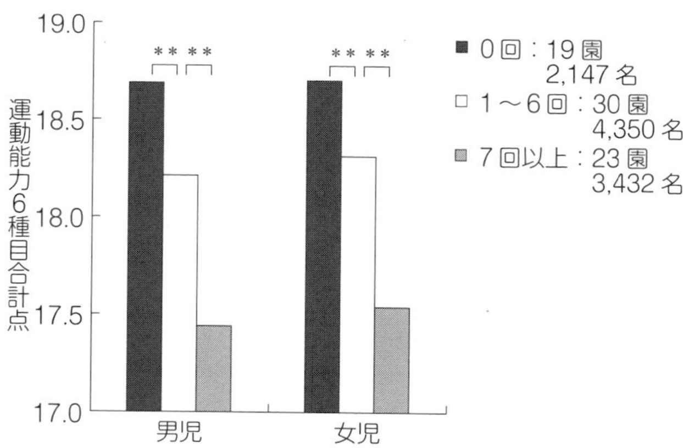

図5－3　幼稚園での運動指導頻度による運動能力の比較

注：＊＊p<0.01

出所：杉原隆ほか「幼児の運動能力と運動指導ならびに性格との関係」『体育の科学』60（5），2010年。

きなやりたい運動に取り組んで遊ぶよう，指導が行われていると思われます。幼稚園教育要領，保育所保育指針に示されている，遊びを通しての指導を中心とした，子どもの主体性・自発性を尊重した運動指導です。それではなぜ，大人主導の一方的な運動指導が広く行われるのでしょうか。最も大きな理由は，遊びという言葉の意味があいまいで多義的なことが挙げられます。具体的には，表5－2に挙げられている運動は遊びであるという考え方です。典型的には体育遊びという言葉で表されます。また，遊びを学習の対極にある自由気ままで好き勝手な活動であると捉え，遊びでは能力は育たないから大人が教えなければならないと考える人も少なくありません。しかし，このような考え方が妥当でないことは，図5－3に挙げた全国調査の結果が明確に示しています。発達に応じた的確な指導を行うためには，幼児教育における“遊び”という言葉をきちんと理解することが不可欠です。

❸ 指導実践に役立つ遊びの捉え方

遊びの定義，遊びをどう捉えるかについては多くの考え方があります。しかし，遊びを中心とした指導をする以上，遊びとは何かを明確にしておく必要があります。遊びが教育にとって重要なことがよくわかること。遊びはどのように指導すればよいかという指導の原則が導かれること。この2つが満足される遊びの定義が求められます。これまで幼児教育では，遊びは主体的，自発的な活動であるとされてきました。このような遊びの捉え方を押さえ，さらにこの２つの条件を満たすより実践に役立つ遊びの定義を挙げておきましょう。

認知心理学では，人間は他人からああしろこうしろと指示・命令されて行動するのではなく，自分の行動は自分で決め，自分で決めたことをやり遂げたいという根源的な欲求をもつと考え，この欲求を内発的動機づけと名づけました。そして遊びを，この内発的動機づけに基づいて「自己決定的に有能さを追求している状態」であると考える立場があります[13]。すなわち，自分らしく個性を生かしながら能力を向上させようとする行動を遊びだと捉えるのです。子ども一人一人が個性を育むなかで，自分のもつ可能性を最大限に引き出そうとする遊びは，まさに教育の中核となる重要な活動であることが，誰にも容易に理解できるでしょう。さらに，この定義からは，子どもの自己決定をできるだけ尊重するという遊び指導の原則が容易に導き出されます。

➡13　杉原隆『新版運動指導の心理学――運動学習とモチベーションからの接近』大修館書店，2008年，pp. 132-146。
杉原隆（編著）『新版幼児の体育』建帛社，2000年，p. 19。

園での子どもの活動は，指導者が決めて子どもに行わせる指導性という部分と，子どもが自己決定する遊びという部分の２つの要素のバランスの上に成り立っています。子どもが自由に決める部分が遊び要素であり，指導者が決める部分は非遊び要素なのです。いいかえれば，子どもの行う活動は，遊びか遊びでないかという二分法ではなく，どの程度遊び要素を含むかという連続体として捉える必要があります。例えば，頭から縄跳びは遊びだと捉えるのではなく，具体的な場面に即してどの程度遊び要素を含んだ縄跳びかというように捉える必要があるのです。

指導者が今日は皆で縄跳びをします。先生がやってみせますからよく見てね，と言って跳んで見せます。縄はこのように持つんだよとか，もっと大きく回してなどと指示して練習させる縄跳びは，遊び要素の非常に少ない縄跳びです。これに対して，子どもたちが跳べそうないろいろな高さに張ったロープ，波跳びや蛇跳びができるよう片方を縛ったロープ，縄跳び用の縄やいろいろな長さのロープを用意する。これらのロープを使ってどんな跳び方ができるか，自分の好きないろいろなやり方で跳んでみようと子どもたちを誘う。このような縄跳びは子どもの自己決定という遊び要素の非常に多い縄跳びということになります（図５−４）。体育遊びとか運動遊びプログラムといった言葉に惑わされないよう注意が必要です。

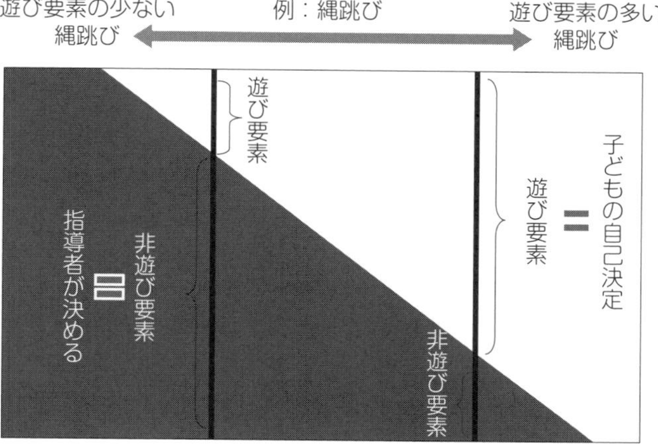

図５－４　連続体として捉えた遊び

出所：杉原隆『新版運動指導の心理学――運動学習とモチベーションからの接近』大修館書店，2008年より筆者改変。

❹ 遊びが育むたくましい体

子どもが遊び要素の多いかたちで運動するほど運動能力が高くなることを示すデータを挙げておきます。子どもが園で運動する時，自己決定という遊び要素がどのくらい含まれているかを，①行う運動，②運動のやり方，③決まりやルール，④目標や課題の４点から調べました。それぞれ，「ほとんど指導者が決めている」（１点）から，「ほとんど子どもが決めている」（５点）までの５段階評定で回答を求め，４項目の合計点を遊び志向得点としました。最も運動能力が高い園は，子どもたちが多くを決めて運動している遊び志向得点が高い園です。最も低いのはほとんど全てを指導者が決めて運動している園で，遊び志向得点が高い園との差は非常に大きくなっています（図５－５）[14]。この結果は，大人からの一方的な指導より，子どもの自己決定的な遊びの方が，運動能力の発達にとってはるかに効果的であることを明確に示しています。ただ，注意してほしいのは，高群の遊び志向得点は12点以上であったことです。つまり，多くは子どもたちが決めるが，指導者が決める部分も少しあるということです。このことは，全てを子どもたちに決めさせるのではなく，ある程度指導者が関与することによって，遊びが豊かになることを示していると考えられます。全てを子どもの自己決定に任せてしまうと，活動が偏ったり停滞して，楽しさを十分に味わうことができなかったりすることも少なくありません。遊び指導は決して自由放

14　前掲書（1，12）。

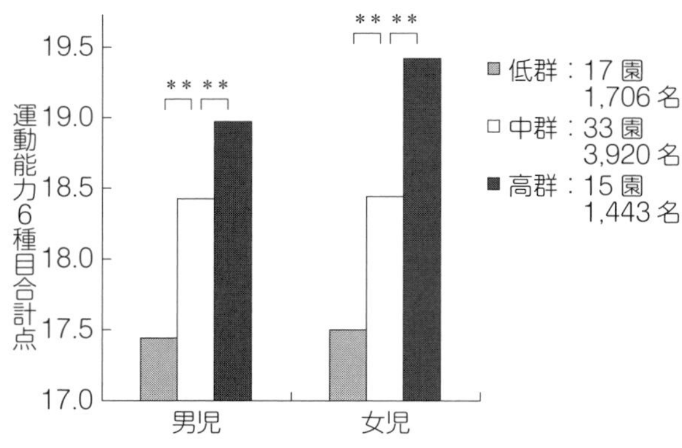

図5－5　遊び志向得点別にみた運動能力の比較

注：＊＊p<0.01
出所：杉原隆ほか「幼児の運動能力と運動指導ならびに性格との関係」『体育の科学』60（5），2010年。

任ではないのです。

Work 2　遊び要素と指導性のバランスを考えよう

何らかの運動活動（鬼ごっこやボールを使った活動など何でもよい）を取り上げ，指導者がほとんどを決める指導性の高い指導方法，子どもたちが多くを決める遊び要素の多い指導方法，その中間の指導方法を具体的に想定してみましょう。

5　運動遊びが育むたくましい心

乳幼児期の運動発達と心の発達には密接な関係があります。そのため，幼稚園教育要領・保育所保育指針・幼保連携型認定こども園教育・保育要領では，５つの領域のねらいが総合的に達成されるようにすることが求められています。つまり，運動遊びの場でも他領域のねらいを十分考慮して指導することが求められているのです。ここでは，その背景となる運動と心の発達の関係について触れることにします。

❶ 認知的能力

２歳頃になると感覚運動的知能が完成し，言葉や数に代表される抽象的な知的能力が分化してきます。抽象的能力といってもこの時期はまだ抽象度が低く，具体的な対象物の知覚や自分の行動と密接に関係しています。例えば，大きいボールと小さいボールを同じ数並べてどちらの数が多いか聞くと，大きいボールの方が数が多いと答えます。ボールの大小という具体的な物の知覚を離れて抽象的な数概念が成立しているわけではないのです。運動遊びのなかで遊具や人数や回数を数えるといった認知的な活動経験を通して，しだいに大きいボール３個も小さいボール３個も３人も３回跳ぶのも同じ「３」なのだという数概念の抽象化が進んでいくのです。運動遊びのなかには上下左右遠近といった空間概念，早い遅いといった時間概念，決まりやルールの理解，言葉によるコミュニケーションなど様々な認知的活動が含まれています。そのため，運動遊びをすることによって認知的能力が育まれるのです。このことは，幼児期には運動能力と知能の間に中程度の相関が認められるという研究によって支持されています。[15]

➡15 Kirkendall. D. R. (1986). Effects of Physical Activity on Intellectual Development and Academic Performance. *American Academy of Physical Education Papers,* (19), pp. 49–63.

❷ 非認知的能力

先に述べたように，内発的に動機づけられた活動である遊びは，自分の決めたことをやり遂げようとする達成行動でもあります。あれやってみたい，こうしたらどうなるかな，ああしたらどうかななど，これまでやったことのない新しいことに挑戦し，自分の世界を広げる達成経験。自分の頭で考え工夫し試したりするという自己決定的な遊びのなかには，たくさんの達成経験が含まれているのです。

豊かな達成経験は“自分はいろいろなことができるんだ”という有能感を形成し，自信や積極性や社会性などの非認知的能力を育みます。と同時に，運動意欲を高めて運動する機会を増やし，運動能力の向上にもつながるのです。この時，周りの大人の社会的評価も大きく関係します。できる・できない，上手下手などの結果にかかわらず，子どもが一生懸命取り組んだことそれ自体を“よく頑張ったね”とか，“楽しかったね”などと共感することがこのサイクル

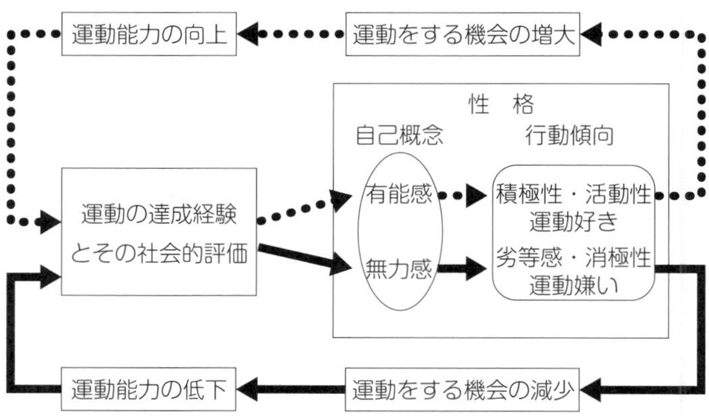

図5－6　運動経験と非認知的能力の関係についての模式図

出所：杉原隆（編著）『生涯スポーツの心理学――生涯発達の視点からみたスポーツの世界』福村出版，2011年。

を強化します。

達成経験というと，例えば２段しか跳べなかった跳び箱が３段跳べるようになるなど，特定の運動が上達していくことだと考えがちです。しかし，このようにできるようになること，上手になることを重視する狭い考えで子どもに接すると，うまくできなかったときなど，“下手ね”とか“もっとこうしないとダメじゃない”などと否定的な評価をしがちです。大人からこのような評価をされると，子どもは“自分は一生懸命やってもうまくできないんだ”という無力感を抱くようになります。その結果，劣等感が高く消極的になるとともに運動嫌いになって運動しなくなり，運動能力の発達が遅れてしまいます。このような負のサイクルは，特定の運動をクラスの子どもに一斉に指導する場面では起こりやすくなります。できる子とできない子，上手な子と下手な子ができるからです。

運動経験と非認知的能力の間にこのような密接な関係がある（図５－６[16]）ことを示す全国調査のデータを挙げておきます。クラス担任に園での子ども一人一人の日常の行動傾向を「高い」「普通」「低い」の３段階で評価してもらい，運動能力との関係をみたものが図５－７[17]です。運動能力の高い子ほど自信があり，粘り強く，友だち関係が良好であることがはっきりと示されています。積極的，好奇心旺盛，リーダー的といった面でも同様の結果が得られています。運動指導というと，身体的な側面だけに注目しがちです。しかし，運動は心の発達にも非常に重要な役割を果たしていることを銘記して，指導を展開する必要があります。

16　杉原隆（編著）『生涯スポーツの心理学――生涯発達の視点からみたスポーツの世界』福村出版，2011年。

17　前掲書（1，12）。

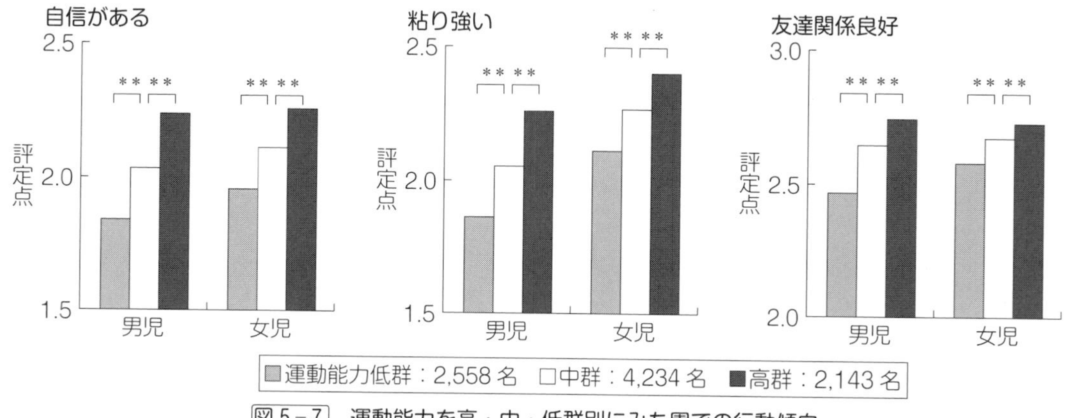

図５－７　運動能力を高・中・低群別にみた園での行動傾向

注：＊＊p<0.01
出所：杉原隆ほか「幼児の運動能力と運動指導ならびに性格との関係」『体育の科学』60（５），2010年。

Book Guide

・杉原隆・河邉貴子（編著）『幼児期における運動発達と運動遊びの指導――遊びのなかで子どもは育つ』ミネルヴァ書房，2014年。
運動発達研究の最新の知見に基づいて乳幼児期の運動発達がわかりやすく解説されています。その上で，運動遊びをどのように捉え，どのように指導すればよいかが，豊富な具体例とともに提示されています。

・近藤充夫『幼児の運動と心の育ち』世界文化社，1994年。
幼稚園や保育所での運動指導現場を熟知した著者が，具体的な子どもの姿を豊富に取り上げ，指導上の問題点や解決策をわかりやすく解説しています。

Exercise

1. 特定の運動を大人主導で指導することが，なぜ乳幼児期の運動発達に応じた指導にならないのか，その理由をまとめてみましょう。
2. 幼児教育，保育関係の著書で“遊び”がどのように定義され捉えられているかを調べ，本書の遊びの捉え方と比較してみましょう。

第 6 章

乳幼児期の安全

水遊びは子どもたちの大好きな遊びの一つですが，配慮が不十分だと大きな事故につながりかねません。保育者として，どのような安全に配慮が必要だと思いますか。

乳幼児は水深が浅くても溺れることがあります。水のなかでの身の処し方の経験が不足しているために，転んだりすると落ち着いて体勢をリカバリーできないためです。水に慣れる経験を徐々に積むことができるように指導を計画していくことが大切です。また，大勢の子どもが一緒にプールに入る時には，子どもと共に遊ぶ保育者の他に全体の安全を見守る保育者を配置し，必ず複数の目で安全を確認する体制を取らなければなりません。その上で遊びながら水の気持ちよさを味わえるように配慮していきましょう。

体が活発に動くということは危険を生むということと表裏一体です。動きながら安全に対する態度や習慣が身につくようにしていきます。

子どもは，安全安心な環境と保育者や友だちとのつながりのなかで，自分の思いを存分に発揮しながら様々な活動に取り組みます。園生活のなかで子どもが安全安心な環境で過ごせるよう，環境を整え，適切な指導を行うことは，保育者の大きな役割の一つとなります。また，日々の生活のなかで自分や友だちを大切に感じながら，様々な体験を通して，危険を回避する姿勢や態度といった安全への構えを身につけていきます。

1　乳児・１～２歳児の安全

❶ 養護に支えられた安全な環境

乳児・１～２歳児の子どもは，心身共に未熟な存在です。この時期までの低年齢の子どもは，危険を予測することは難しく，危険を察知できたとしても大人に危険を知らせるシグナルを出すなどして安全を確保したり，自分の身を守る行動をとったりすることが難しいといえます。そのため，養育にかかわる大人の安全への意識ときめ細やかなかかわりが大切なものとなってきます。低年齢の保育の場面では，安全を考える上での前提となるのが「養護」の原理といえるでしょう。年齢が低いほど，病気などにもなりやすく，適切でないかかわりや環境の影響を受けて，生命の危険にさらされてしまうということが起こりえます。保育施設での死亡事故では，最も多い年齢，発生時状況は，０～１歳児の睡眠中で，入園から30日以内の預けはじめの時期に事故が多かったという報告があります[1]。このような重大事故を防ぐためにはどうしたらよいのでしょうか。入園間もない頃は，子どもの状況を十分に把握できるよう保護者との丁寧なやり取りを重ね，保育者間でも子どもについての情報を共有し，応答的なかかわりと安全な保育環境を整えて，徐々に環境に慣れるようにしていくことが求められます。低年齢の子どもは，自分の力で自分の生命を守ることができないので，保育者による「養護」の原理に支えられた適切なかかわりと保育環境を整えることにより事故を防ぎ，危険から子どもを遠ざけることにつなげていく必要があ

➡1　内閣府「教育・保育施設等における重大事故防止策を考える有識者会議年次報告」2018年。

るのです。

保育所保育指針では，養護とは「生命の保持」と「情緒の安定」であると定義され，次のようにねらいが示されています。

> 「生命の保持」
> ①一人一人の子どもが，快適に生活できるようにする。
> ②一人一人の子どもが，健康で安全に過ごせるようにする。
> ③一人一人の子どもの生理的欲求が，十分に満たされるようにする。
> ④一人一人の子どもの健康増進が，積極的に図られるようにする。
> 「情緒の安定」
> ①一人一人の子どもが，安定感をもって過ごせるようにする。
> ②一人一人の子どもが，自分の気持ちを安心して表すことができるようにする。
> ③一人一人の子どもが，周囲から主体として受け止められ，主体として育ち，自分を肯定する気持ちが育まれていくようにする。
> ④一人一人の子どもがくつろいで共に過ごし，心身の疲れが癒されるようにする。

全てのねらいは，「一人一人の子どもが（の）」との書き出しで始まっています。一見すると，安全とは直接かかわりのない事柄も含まれているように読み取られるかもしれませんが，一人一人の子どものニーズに合わせ，ねらいにある「生命の保持」と「情緒の安定」が貫かれた保育は，温かで穏やかな雰囲気が生み出され，どの子にとっても安全安心な園生活となることでしょう。反対に「生命の保持」と「情緒の安定」を欠いた保育環境は，穏やかな雰囲気とはかけ離れ，余裕を欠いた危険な状況を引き起こす環境となりかねません。

繰り返しになりますが，一人一人の子どもの置かれている状況や発達の過程をよく把握し，保育者の応答的なかかわりと細やかな対応により，養護の原理に支えられた環境が整えられることは，特に低年齢の子どもの安全な生活の基礎となります。

❷ 安全な生活をつくり出す力を育てる

保育所保育指針に示された乳児保育のねらいの一つである「健やかに伸び伸びと育つ」の冒頭には，「健康な心と体を育て，自ら健康で安全な生活をつくり出す力の基盤を培う」とあります。続いて１～３歳未満児，３歳以上児の心身の健康に関する領域「健康」のねらい及び内容の冒頭には，「健康な心と体を育て，自ら健康で安全な生活をつくり出す力を養う」と書かれています。自分の身を守ることができない乳児にあっても，自ら安全な生活をつくり出す力の基盤を培い，養う，といった子どもを主体とした一本の道筋で描かれているのです。子どもは成長するにしたがって，養護の行き届いた環境において守られているだけの存在から，自分自身が大切にされていることを感じ取りながら園生活での体験を積み重ね，危険な状況に気づいたり，保育者に危険を知らせるシグナルを出したり，危険を回避するような行動がとれるようになっていきます。

乳児期は運動発達の面でも，這う，立つ，歩くなど大きく変化する時期なので，温かい触れ合いのなかで自分から体を動かそうとする意欲が育つようにしながら，十分に体を動かす機会を確保することが大切です。自分から体を動かそうとする意欲を引き出すためには，適切な言葉かけをしながら，応答的なやり取りのなかで，動けていることを受けとめます。思ったように自分の体を動かせるようになることは，危険から自分の身を遠ざける行動をとれるようになることにつながります。発達に応じて動きを習得することは，自らの安全な生活をつくり出す力となります。

2　3歳以上児の安全

❶ 安定した情緒を土台として

安全についての指導は，危険について一方的に指導されたり，危ないからと行動を止められたりするのではなく，子どもが自ら遊びを通して体験的に感じ取っていくことに重きをおいて進められます。子どもが遊びのなかで，危険に対してどのように対処したらよいのかを感じ取るためには，情緒の安定も大きく関係しています。園生活において保育者との信頼関係が結ばれ，自分のことも友だちのことも大切に思う気持ちを育みながら，安定感をもって毎日を過ごせるようにしたいものです。危険につながる状況や行動に気がついたり，そのような状況を信頼関係のなかで保育者にしっかりと伝えたりといった，安全な生活をつくり出す力の土台となるのです。

前節の乳児・1～2歳児の安全のところで，養護に支えられた安全な環境が整えられることが大切であると述べました。養護は低年齢からの長時間の保育が行われる保育所保育，認定こども園での教育・保育で用いられる概念ですが，幼稚園教育における「保育」という言葉は，保護するという意味を含んでいることから，養護の「生命の保持」と「情緒の安定」といった内容と，3歳以上児の安全を考える上では，重なり合うものと考えてよいでしょう。

また，交通安全の習慣を身につけたり，災害時に適切な行動を取ることにおいても同様に，安定した情緒を土台として態度が形成されます。

❷ 安全への構えを身につける

生活や遊びのなかで，子どもが周囲の状況に気づかずに行動したり，先を読むことができずにいると怪我や事故につながることがあります。また，子どもが危険を察知することができても，動きが未熟なためにバランスを崩して転倒し，怪我をしてしまい，危険を回避できないこともあります。周囲の大人は，子どもの事故や怪我を未然に防ぐために危険を取り除いた安全安心な環境を用意することはいうまでもありません。しかしながら，完全に安全な環境というものを整えることはできません。大人が常に目を離さずにいるということも不可能なことです。子ども自身が危険を察知し，怪我しないような行動がとれるよう，危険を回避しながら遊びや生活を進める力を養いたいものです。

幼稚園教育要領，幼保連携型認定こども園教育・保育要領，保育所保育指針の領域「健康」では，安全に関係する事項として，ねらいのなかで「(3)健康，安全な生活に必要な習慣や態度を身に付け，見通しをもって行動する」が挙げられています。見通しをもって行動するとは，幼児期の子どもにとってはどのようなことでしょうか。園での生活や遊びを通して，危険な場所，事物，状況などに気づき，自分自身を大切にすると同時に友だちのことも大切に思う気持ちをもちながら，危険を回避する行動をとろうとすることです。子どもの動きを観察していると，何かが上手にできるようになることに目が行きがちですが，危険を察知して回避しようとする動きがみられたら，その先にある危険を見通していると受けとめ，そのことを子どもにも伝えて，自信をもたせたいものです。

また，内容の取扱い⑥には「安全に関する指導に当たっては，情緒の安定を図り，遊びを通して安全についての構えを身に付け，危険な場所や事物などが分かり，安全についての理解を深めるようにすること。（以下略）」とあります。安全についての構えを身につけるとは，どのようなことを指すのでしょうか。生活や遊びの様々な体験のなかで，子どもが自分の体を十分に動かして思う存分チャレンジしながら，子ども自身が見通しをもって危険を回避する力をつけたり運動能力を備えるといったことが，安全への構えを身につけることだといえます。

Episode 1　動きながら自分でできることに気づけたマサト

Ａ幼稚園の園庭にある築山には，中ほどに木が植えてあったり，石段が組まれているので，行ったり来たりするうちに園児たちは自然にいろいろな体の使い方を経験しています。マサトは，３歳児の頃は慎重な動き方をすることが多かったのですが，４歳児になった今は園庭の遊びに積極的にチャレンジする姿があります。築山に埋め込まれた石から低い方へジャンプして飛び降りた時に，少しバランスを崩して転んでしまいました。すぐに立ち上がると再び同じ動きをして，今度は転びませんでした。どうすると転ばないかがわかった様子で，にっこりとしました。しばらくすると，マサトは５歳児の子が築山の中ほどの木の実にジャンプしてタッチする姿を見て，自分もやろうとその場に行きました。背伸びして手を伸ばして木の実の高さを確かめました。タッチしてジャンプすると，さっきのように転んでしまうかもしれないと考えている様子でした。そこでジャンプするのは止めにして，反対側に回り込んで，ジャンプしても転ばなさそうな場所を自分で選び，木の実にタッチしていました。

3　安全教育と危険の捉え方

❶ 安全教育と安全管理

子どもの安全な生活を保障するために，保育者は安全教育と安全管理という２つの視点をもつ必要があります。

安全教育は，子どものチャレンジしたい気持ちを大切にしながら，実際の行動のなかで危険を感じ取り，どのように行動すればよいのかを保育者や友だちと考え合いながら進められます。また，実際に起こり得る危険について知らせたり，保育教材を活用して，危険を予測できるようにしたり，適切な行動がとれるようにしていくことも安全教育です。

安全管理とは，保育環境を整備して安全な環境をつくり，用具・遊具が破損していないか，結合部分が外れそうになっていないかなどの安全点検を行うことです。点検してさえいればよいのかというとそうではなく，危険への意識が未熟で危険を回避する動きが身についていない子どもの生命や生活を守るために，生活や遊びの流れによって変化する環境のなかで，危険をあらかじめ取り除いていくといったコントロールをすることも必要となってきます。

❷ リスクとハザード

遊びに内在する危険には「リスク」と「ハザード」という捉え方があります[2]。リスクとハザードは，「遊びの価値」を尊重しながらも安全への配慮を行うために共通認識を醸成するために示されたものとされ，おおよそ以下のように説明されています。

➡2　国土交通省『都市公園における遊具の安全確保に関する指針（改訂第２版）』2014年。

リスクとは，遊びの楽しみの要素で冒険や挑戦の対象となり，子どもの発達にとって必要な危険性は遊びの価値の一つとされています。子どもは小さなリスクへの対応を学ぶことで経験的に危険を予測し，危険を回避する力がつくようになります。子どもが危険を意識して回避する動きがとれると判断している場合は，リスクへ挑戦しているといえます。一方，ハザードとは，遊びがもっている冒険や挑戦といった遊びの価値とは関係のないところで事故を発生させるおそれのある危険性のことをいいます。ハザードには，遊具の構造や管理状態に関係する物的ハザードと，絡まりやすい紐のついた衣服など適切でない服装や，周辺で遊んでいる子どもとの動きの動線の交叉が生じてしまうなどの人的ハザードがあります。また，子どもが予測できず，どのように対処すればよいか判断不可能な危険性もハザードであり，子どもが危険をわからずに行うことは，リスクへの挑戦とはならないのです。

リスクとハザードにはどのような境界があるのでしょうか。リスクとハザードの境界は，社会状況や子どもの発育発達段階によって異なります。一つの遊び環境のなかで，ある子どもにとってリスクである状況は，他の子どもにとってはハザードとなるのです。子どもの経験や危険を回避することのできる運動能力等により，個人差があります。リスクとハザードの境界を見極めるのは，保育者です。子どもがどのような見通しをもってその場の遊びを展開しようとしているか，そこに潜む危険性は何かに注目して，子どもの行動特徴，性格特性，運動能力なども合わせて判断する必要があります。

子どもが遊びを通して危険性を理解するということは，多くは体験を通して得られることにあることを踏まえ，小さなリスクへの挑戦を見守りながら，安全への構えを身につける機会を保障することも安全教育の一つとなります。

❸ 安全への構えと子どもの体

およそ2歳までの子どもは，自分の体を動かして探索行動をさかんに行い，周囲の環境に働きかけながら自分と物との関係を確認し，自分の体を使って何ができるのかを理解していきます。この時期の子どもの体は，重心が高いところにあり，バランス力が未熟なので，自分の体をコントロールすることが難しく，転倒しやすいという特徴があります。転倒する危険性のある場所に，ぶつかって怪我をするようなものがないか，転落の危険はないかといった確認を丁寧に行い，安全な環境を整える必要があります。安全な環境と保育者のあたたかな見守りのなかで探索行動を繰り広げながら，自分の体を使ってできることを試したり，チャレンジできたという経験は，3歳児以降の生活や遊びに向かう意欲につながります。

3歳児以降の基礎的運動能力の獲得の時期には，安全安心な環境のなかで，子どもは，やりたい遊びを思う存分体を動かして繰り返し行うことで運動能力を獲得し，安全への構えの土台を形成していきます。幼稚園教育要領の領域「健康」の内容の取扱い②には，「様々な遊びの中で，幼児が興味や関心，能力に応じて全身を使って活動することにより，体を動かす楽しさを味わい，自分の体を大切にしようとする気持ちが育つようにすること。その際，多様な動きを経験する中で，体の動きを調整するようにすること」と書かれています。幼児期は運動能力の基礎を培う時期であるので，遊びのなかで「多様な動き」の経験を積み重ね，自分の意志の力で自分の体の動きをコントロールすることができるようになっていきます。「多様な動き」をたくさん経験することにより，結果として運動能力が獲得されていき，同時に，体の動きを調整する力がついて，安全への構えを身につけて危険を回避する行動がとれるようになっていきます。安全への構えを身につけて遊べるようになるということは，安定して遊べるということであり，遊びをより楽しいものにしていける，ということを子ども自身にも気づかせていきたいものです。

Work 1　リスクとハザードについて考えてみよう

実習で観察された遊びのなかで，子どもの動きが怪我につながったかもしれない場面を取り上げ，その子どもにとってリスクであったのかハザードであったのかについて，考えてみましょう。理由についても挙げてみましょう。

4　子どもの事故と怪我

❶ 日常生活のなかで起きる事故の実態

子どもの生活のなかで，年齢別にどのような事故が多く発生しているか，図6－1の救急搬送人員数の事故種別割合からみてみます。「ころぶ」「落ちる」「ぶつかる」「ものがつまる等」「切る・刺さる」「はさむ・はさまれる」「やけど」「かまれる・刺される」「おぼれる」等の事故の種別より，これらの動作がどのような場面で発生するのか，子どもの運動能力の獲得の度合いとも照らし合わせてみましょう。保育者が危険を予測する参考となると思われます。

子どもの発達や生活を思い浮かべながら特徴をみてみましょう。「ころぶ」は，１歳になると増加し，歩行が始まり移動運動やバランス力が高まりながらも遊びが広がり，基礎的運動能力が獲得される７歳まで一番多い割合で発生しています。次いで「落ちる」怪我

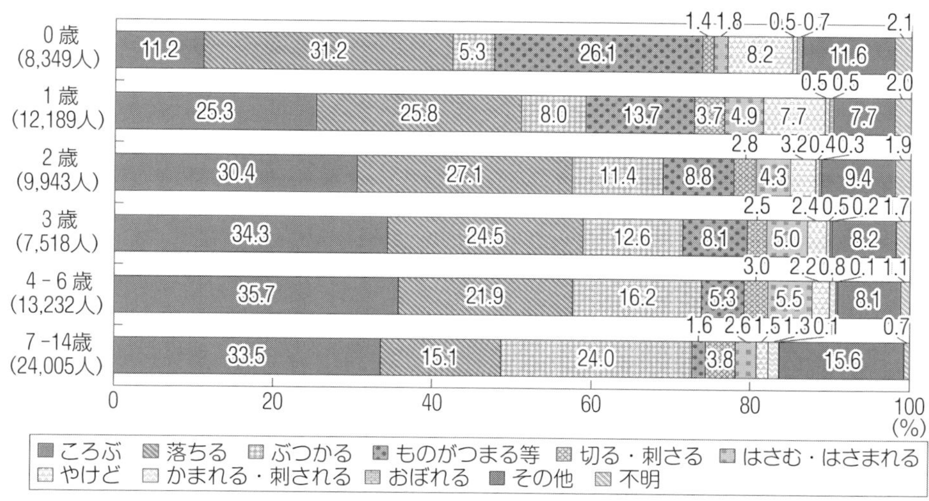

図６－１　日常生活事故による救急搬送人員数の事故種別割合

注：１）東京消防庁「救急搬送データ」（2012-2016年）に基づき消費者庁が集計。
２）各年齢下の（　）内は2012年から2016年までの５年間の救急搬送人員数。
３）四捨五入のため合計は必ずしも一致しない。

出所：消費者庁『平成30年版消費者白書』2018年，p. 104。

は，０歳から１歳にかけて一度減少していますが，２歳ではまた少し増えています。１歳から６歳までは，「ころぶ」「落ちる」怪我が合わせて半数以上となっています。救急搬送されるような比較的大きな怪我は，「ころぶ」「落ちる」ことによるものが多いということです。生活，遊びの場では，落ちる危険性がなくなるような環境を考え，転んだ場合の怪我のダメージを少なくするためにマットを敷いたりする等の対応をします。「ぶつかる」怪我は，年齢が上がるにつれて動きが活発になるにともない増えています。遊びに夢中になると周囲が見えなくなることがあるので，遊びの動線が重なるような状況では，周囲の状況に気づかせるような働きかけが必要です。「つまる」は，０・１歳では，玩具の誤飲や，食物のつまりによるものと考えられます。子どもが口に入れるものの形状や大きさには十分注意し，食物は子どもがかみ砕きやすいように小さく刻み，粘り気もつまりの原因となることがあるので，十分に気をつけます。

❷ 保育中の怪我の発生

保育中に起こる怪我の発生割合[3]のデータがあります。幼稚園では園舎内で約50％，園舎外で約44％，園外活動で約６％，認定こども園では園舎内で約60％，園舎外で約34％，園外活動で約６％，保育

３　独立行政法人日本スポーツ振興センター『学校の管理下の災害（平成30年版）』2018年。

所では園舎内で約61％，園舎外で約32％，園外活動で約７％というデータがあります。幼稚園では運動場・園庭で，認定こども園・保育所では保育室で最も多く発生しています。また，時間帯では，幼稚園では10－11時，13－14時に発生が多くみられます。認定こども園・保育所等では10－11時とその前後に最も多く発生し，16－17時でも発生が多くみられます。保育中の怪我といえば，園庭での遊びで発生しているイメージがあるかもしれませんが，実際は生活する時間が長い園舎内での発生割合の方が高いのです。

保育室には，遊具や棚，様々な道具が置かれています。乱雑な状態にあると物につまずいて転倒したり，道具の扱いが適切でない場合にも怪我が起こります。保育室のなかで，使っていない遊具がそのままになっている所へ，遊びの動線が行き交い，遊具に足を引っかけて転倒して怪我をすることがあります。ハサミの使用に関しては，自分が何かを作ろうと真剣な時は自分の手を切ってしまうようなことは意外に起こらないようですが，集中すると周囲にいる友だちに気がつかず，友だちにハサミを向けてしまうことがあります。歯ブラシや箸など先の尖ったものを持って走らないといった約束ごとも，子どもの実態を見ながら確認します。今遊んでいる遊具や道具で怪我が起こることはむしろ少なく，使っていない遊具や道具に気づかずにいて怪我をすることがあるので，整理整頓により安全な環境を保つようにします。

❸ 固定遊具の特徴と怪我

図６−２に示すように，園庭での怪我は高さのある固定遊具で多く発生しています。多い順にすべり台，総合遊具・アスレチック，雲てい，鉄棒，砂場，ぶらんこ，ジャングルジムとなっています。男児の方が女児よりも怪我が多く，すべり台とアスレチック，砂場では顕著です。雲ていと鉄棒で，やや女児の方が多いようです。

園庭にある固定遊具は，子どもの興味関心を引くような構造をもっています。ぶらんこでは揺れを楽しむことができ，すべり台ではスピードに乗って滑降することを楽しむことができます。また，挑戦意欲をかき立てる構造となっているジャングルジムでは高さに挑んだり，雲ていや鉄棒では懸垂運動系の動きを自分なりの目標をもって取り組むことにより達成感を得ることができます。園庭の遊

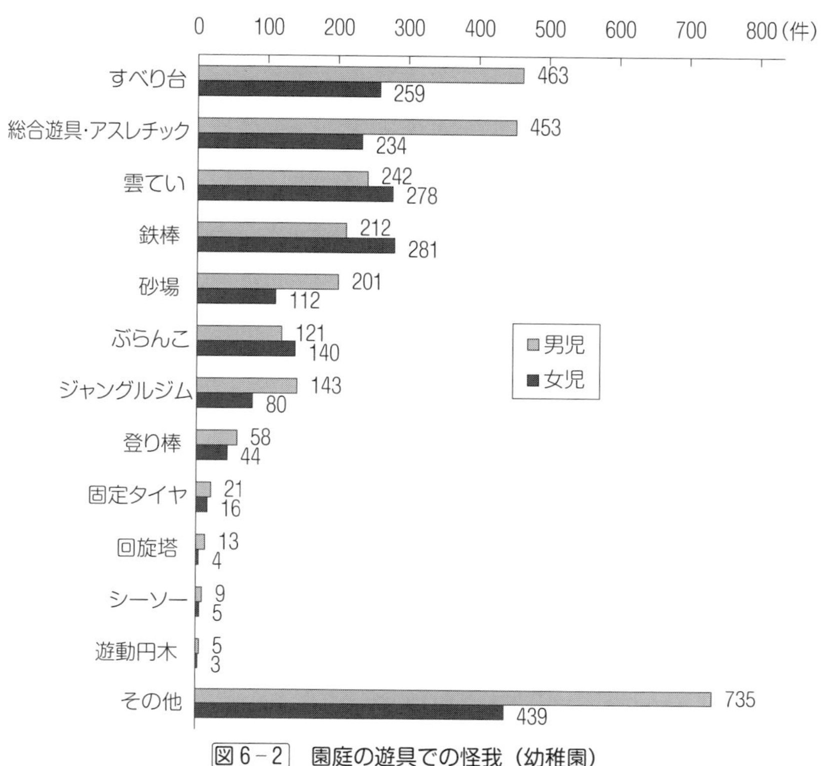

図6－2　園庭の遊具での怪我（幼稚園）

出所：独立行政法人日本スポーツ振興センター『学校の管理下の災害（平成30年版）』2018年より筆者作成。

具は，子どもの冒険心や挑戦意欲を満たすものであり，また，体を巧みに使い，様々な動きを経験することができる点において，遊びにおいて価値のあるものといえます。しかしながら園庭での事故はほとんど固定遊具周辺で起きています。運動技能や状況判断が未熟であることが怪我の発生につながることがわかります。

「特定教育・保育施設等における事故情報データベース」（内閣府[4]）の事故誘因の項目からは，どのような状況により事故が起きたのかを知ることができます。表6－1に示すとおり，「自らの転倒・衝突によるもの」が約46％，「遊具等からの転落・落下」が30％，「子ども同士の衝突によるもの」が9％となっています。

怪我の種類は，上記の重大事故のデータベースで最も多いのは「骨折」でした。また，医療機関で保険診療を受けた怪我[5]では，挫傷・打撲，脱臼，挫創，骨折の順となっています。負傷部位では，顔部，上肢部に多く発生しています。

4　内閣府「特定教育・保育施設等における事故情報データベース（平成29年度分）」（2017年）には，重大事故（30日以上の治療を要するもの）の報告データが掲載されており，事故の概要と要因分析等が閲覧できるようになっています。

5　独立行政法人日本スポーツ振興センター『学校の管理下の災害（平成30年版）』2018年。

表6－1　重大事故における事故誘因　(%)

事故誘因	保育所 n＝316	認定こども園 n＝78	幼稚園 n＝19	計 n＝610
1．遊具等からの転落・落下	30.1	34.6	36.8	30.3
2．自らの転倒・衝突によるもの	46.2	44.9	47.4	45.9
3．子ども同士の衝突によるもの	8.2	5.1	5.3	9.0
4．玩具・遊具等施設・設備の安全上の不備によるもの	0.9	2.6	0.0	1.1
5．他児から危害を加えられたもの	1.6	2.6	10.5	2.8
6．アナフィラキシーによるもの	0.3	0.0	0.0	0.2
7．その他	12.7	10.3	0.0	10.3
不明	0.0	0.0	0.0	0.3
総計	100.0	100.0	100.0	100.0

出所：内閣府「特定教育・保育施設等における事故情報データベース（平成29年度分）」2017年より筆者作成。

❹ 遊びのルールと安全への構え

子どもたちが園生活を通して，安全への構えを身につけるためには，どのように保育を進めたらよいのでしょうか。安全教育や安全管理は，子どもが生活する場所，遊びの場所において必ず必要なものです。様々な活動の場面を通して，自分自身が怪我をしないように，友だちも怪我をしないようにするにはどうしたらよいのかを，保育者と一緒に考え合うことの経験も必要なのです。遊びにおけるきまりやルールは，遊びをおもしろくするためのものであると同時に，安全に遊べるようにと考えられたものがあります。なぜそのようなきまりやルールがあるのか，みんなで考え合うことも安全への構えを身につけているといえます。保育者が適切な安全管理や安全教育を行っている姿からは，子どもたちは自分たちが大切にされているという思いを抱くことでしょう。自分自身と周囲の人の命を大切にする行動がとれる人として社会生活を送る，といった子どもの将来像を描きながら，保育者は安全教育を行いたいものです。

Work 2　発達の過程で考えてみよう

園庭にある固定遊具（すべり台，総合遊具・アスレチック，ぶらんこ）を使った遊びで，1～2歳児，3歳児，4～5歳児のそれぞれについて，リスクを挙げてみましょう。

❺ 園内の連絡体制と保護者への報告

子どもの怪我が発生してしまったら，事故発生時の園内の連絡体制に沿って，怪我の発生状況を職員間で共有します。怪我の大小にかかわらず，共有することによって怪我が発生した後の対応を的確で迅速な対応につなげることができます。怪我の手当て，救急車要請，医療機関への受診の手配，保護者への連絡等を速やかに行います。また，職員会議などで事故の報告を行うことにより，職員間で危険な場所や怪我につながる子どもの動きを共有することができ，保育環境の改善へ向けた話し合いを行うことにより，同じような事故が起こるのを未然に防ぐことにつながります。

子どもの怪我により，すぐに受診が必要な場合には，速やかに保護者と連絡をとり，怪我の状況，子どもの様子，受診する医療機関のことなどを伝えます。園内の手当てで済んだ軽い怪我の場合でも，丁寧に起きたことを伝えます。保護者との間に信頼関係があるからといって，対応は軽くすませることがないよう丁寧に説明します。翌日には，家庭での様子を保護者から聞き取り，園で配慮すべきことを確認したり，容態の変化を見落とさないようにします。保護者とのかかわりは，担任だけの対応に留めずに，事故防止のための園内の連携体制のなかに保護者の方にも加わってもらいましょう。今後の改善策などを保護者と一緒に検討することも，保護者の園に対する理解へとつながるでしょう。

5　計画的な安全教育

❶ 安全計画の3領域

近年，深刻な被害を及ぼす地震や風水害などの自然災害が多発しています。また，社会環境の変化にともなって増加する不審者による子どもをねらった犯罪への対策も求められています。社会全体で危機管理意識が高まっているなか，園組織においても危機管理についての意識を高め，園全体の安全が確保されるよう，安全計画を策定します。自然災害や火災などが発生した場合に，子どもたちが適切な行動がとれるよう，園ごとの安全計画に基づいて避難訓練などを行い，計画的に指導を進める必要があります。学校安全の領域としては，Ⅰ生活安全，Ⅱ交通安全，Ⅲ災害安全，の３つがあります。[6]

➡6　東京都教育委員会「安全教育プログラム（第11集）」2019年。

Ⅰ　生活安全
- 日常の園生活の具体的な場面を捉え，危険な行動を振り返り，適切な行動を認識できるよう指導する。
- 遊具や用具の適切な使い方が分かり，安全に生活できるようにする。
- 体を十分に動かす体験を通して，機敏性やバランス性を養う。
- 身の回りの危険に気付き，自分で判断して行動する態度を育てる。
- 教師や友達など身近な人々や，地域で出会ういろいろな人に親しみをもつ。

Ⅱ　交通安全
- 日々の登降園や園外保育（遠足）等を通して，道の歩き方や交通ルールを学び，安全に対する意識を育てる。
- 園児の発達段階に応じ，年間を通して段階的に指導していく。
- 保護者会や降園時に定期的に安全に対する啓発を行うとともに，保護者と幼児で交通安全について話す，聞く機会をもつことができるようにする。
- 地域や関係諸機関と連携して地域内の交通事情を把握し，幼児の交通安全教育に生かす。

Ⅲ　災害安全
- 実践的な避難訓練を通して，いざという時に，落ち着いて自分の身を守る力を育てる。
- 地域・家庭・関係諸機関と連携した，体験的な活動を多く取り入れ，災害時に慌てずに行動する能力を育てる。

❷ 家庭・地域と連携した交通安全

　保育施設に通う子どもたちの通園方法は，徒歩，園バス，大人が運転する自転車，自家用車，公共の交通機関と，家庭の状況と地域の交通事情により様々あり，保護者に向けた注意喚起及び情報提供が主となります。登降園時の駐輪，駐車等については，保護者に対して園のきまりを周知し，園児の安全を確保します。

また，保育活動は園内だけでなく，散歩，近隣の公園での活動，遠足等園外活動を行うことがあります。園外活動に出る時は，あらかじめ交通ルールを確認し，周囲の状況をよく見て危ない行動をとらないように話しておきます。低年齢児の散歩や公園での遊びを園外活動で行う園が増えてきていますが，ある程度の距離を歩ける子どもでも，視界は狭く，歩くことに集中しているか，興味あるものに夢中になったりするので，周囲の状況に注意することは大変難しいものです。保育者が交通状況をあらかじめ知った上で子どもの安全を確保し，子どもたちが落ち着いて移動できるように保育者の配置や子どもの列の作り方を考え，時間に余裕をもって園外活動を行います。3歳以上の子どもの移動では，歩行が安定していても，友だちと手をつないで歩くことにより，自分の動きを全て自分でコントロールすることではなくなるので，友だちの手を強く引っ張ったり，手をつないだまま走り出したりしないよう，注意を促します。

未就学の子どもは，家の外を移動する際は保護者と一緒ですが，小学校入学と同時に一般の道路を一人でまたは友だちと歩くことになります。年長児では，小学校区内の一般の道路の歩き方を適切な時期に指導し，保護者にも必要性を伝え，協力を求め，実際に歩いてみます。

Work 3　交通事情に応じた指導内容を考えてみよう

住んでいる地域の交通事情を調べ，子どもが歩く際に注意すべきと思われる場所を挙げてみましょう。また，子どもにはどのような指導をするとよいか考えてみましょう。

6 園で行う避難訓練の実際

❶ 園の立地条件から想定される災害に対応した避難訓練

避難訓練は，地震，津波，土砂災害，風水害，火災等に対応して計画的に実施します。自治体が作成しているハザードマップ等を活用し，河川や海岸が近い，園舎が傾斜地に建てられているなど，園の立地条件から想定される災害状況を踏まえて進めていきます。

各種の災害に対応した避難訓練とすることの他，異なる保育場面で行い，園外活動や園長不在時等に対応できるようにしておきます。

❷ 保育場面を想定した避難訓練

避難訓練は，実際の災害の時に的確な避難行動がとれるよう，発達に応じた体験的実際的な内容にして，どのような行動をとるべきなのかを具体的に指導します。年間計画を立てる際には，遊びの時間，朝の会や帰りの会などの集まりの時間，お弁当や給食の時間，午睡中，登降園時等，異なる状況を想定して実施計画を立てます。

３歳未満の子どもには，園の危機管理体制に沿って，保育者の役割分担をあらかじめ決めておき，子どもが安心して保育者と行動を共にできるように配慮し，連携のとれた避難行動を行います。また，シフト勤務などで不在の保育者がいる場合を想定しておくことも必要です。

３歳以上では，避難が必要になった時は保育者の話をよく聞いて動くことが大切であることを伝えます。そのために，保育者は的確な指示は緊張感をもって出します。避難が必要になった時は，避難訓練の時に伝えられた約束にそって行動できるようにといったことは，事前に話しておきます。ヘルメットや防災頭巾は大事な頭を守るために必要であり，足の怪我を防ぐためには必ず上履きを履いて避難する必要があるといったことも，事前に話しておきます。また，避難訓練の後は，しっかりできたことや気づいたことを保育者と子どもとで話し合うことで，避難訓練の意味を伝え，いざ災害が起きた時の冷静な行動につなげていきます。

具体的な指導としては，避難行動は全園で行うため，園庭等に集合します。災害を想定した指導としては，地震の時は，物が「落ちてこない」「倒れてこない」「動いてこない」空間に体を隠すようにすることを基本として，園庭にいたら遊具から降りて離れる，保育室の活動の時は机の下に入りダンゴムシのポーズになる，机の脚をしっかり摑むといった行動がとれるようにし，実際にやってみます。また，門や塀には近づかない，トイレに入っていたらすぐにドアの外に出るなど，閉じ込められる危険性についてもわかりやすく話しておきます。火災の時には，煙を吸わないようにハンドタオルで口を押さえながら逃げるので，実際にやってみます。

避難訓練とは別に，紙芝居や絵本等の保育教材を活用して，災害時にどのような行動をとったらよいのかについて理解を深め，保育者と子どもとで確認することで，避難訓練や実際の災害時に落ち着いた行動につながるようにします。

災害時には，保育者がまず落ち着いて冷静に行動することが大切です。保育者が慌てて不安になると子どもの不安が増幅してしまうこともあります。保育者も子どもも落ち着いて的確な避難行動をとることが，みんなの命の安全を守ることにつながるといってもよいでしょう。毎日の園生活のなかで，子どもの安定した情緒を育てていくことで，災害時においても落ち着いて的確な行動がとれるようになるのではないかと考えます。

❸ 地域・家庭と連携した避難訓練

実際の災害時には，自治体で定められた地域の避難場所に避難する必要が出てくるかもしれません。近隣の小中学校，家庭，地域住民との連携を図りながら，避難計画を立て，安全に子どもを地域の避難場所に移動する経路を確認します。

年度初めの保護者会の際に，緊急時の通信方法や子どもの引き取りについての説明を行います。引き取り者の確認や，園内にきょうだいがいる場合には上の子どもから引き取るといったことの確認は，あらかじめ行っておきます。また，保護者が迎えに来られない間の保育についても，子どもが不安にならないよう配慮して落ち着いて過ごせるようにします。

障害のある子ども，特別な支援が必要な子どもについては，日頃の行動傾向から災害時の子どもの行動を予測し，加配の保育者と担任は共通認識をもちながら対応を考えます。また，外国につながりのある子どもは，保護者自身に日本の避難訓練の経験がない場合，避難訓練の内容や災害時の行動についての理解が少ないとも考えられるので，災害時の連絡の取り方や引き取りのこと，避難の仕方などを確認しておくことが必要です。

Work 4　ハザードマップで地域を知ろう

実習先の園（または自宅）の地域のハザードマップを調べ，災害の種類に応じて，どのような避難が必要となるか考えてみましょう。

Book Guide

・文部科学省「『生きる力』をはぐくむ学校での安全教育」2010年。（http://www.mext.go.jp/a_menu/kenko/anzen/1289310.htm）

幼児期の子どもは，保育者が中心となってつくられた安全安心な環境で過ごしますが，生涯にわたり安全を確保することができる基礎的な力を育むことが求められます。幼稚園をスタートとする学校教育では，自分や他者の生命尊重の理念を基盤として安全安心な社会づくりに貢献できる人を育てることを目標としています。幼児期の保育においても生涯を見通した視点をもつことが大切です。

Exercise

1. 園庭での遊びを観察し，子どもが危険を回避していると考えられる行動を記録してみましょう。子どもが何に気がついて，そのような行動をとることができていたか，話し合ってみましょう。
2. 紙芝居や絵本などの教材を活用し，避難時にどのような行動をとったらよいか，模擬保育の計画を立ててみましょう。

第Ⅱ部

保育内容「健康」の指導法

第 7 章

領域「健康」と保育方法

この２人の男児は，今，何をしようとしていますか。また，保育者として何か援助する必要があると思いますか。

園庭の片隅の鉄棒で，逆上がりに挑戦しているようです。右のＡ君はもうできるけれど，左側のＢ君はまだできないのかもしれません。運動遊びは「できるようになること」の手応えを得られやすい遊びです。経験を積むことで運動技能が獲得され，自分の体をコントロールできる範囲が増えていきます。このことは子どもにとって大きな喜びです。すでに「できる」友だちを憧れのモデルとして，少し難しいことにも挑戦しようとする気持ちも高まります。まずは２人の関係を見守りながら，必要であればＡ君とＢ君の間の仲立ちをしたり，Ｂ君のやりたい気持ちや体を支えたりするとよいかもしれません。

保育者がやり方を決めたり，教え込むのではなく，自然に体を動かしたくなる環境を整え，遊びながら多様な動きを経験できるようにすることが大切です。

1 保育内容・領域の基本

本章では領域「健康」の基本的な考え方と保育方法について学びたいと思います。まずはその前提となる保育内容・領域の基本について簡単に触れておきたいと思います。詳しくは他の科目でも学ぶことになると思いますので，簡単に説明します。

❶ 5領域と「ねらい及び内容」について

保育所保育指針，幼稚園教育要領，幼保連携型認定こども園教育・保育要領では，子どもたちが園生活を通して経験することを保育内容として整理して示しています。

例えば，保育所保育指針では[1]，保育の「ねらい」は，「子どもが保育所において，安定した生活を送り，充実した活動ができるように，保育を通じて育みたい資質・能力を，子どもの生活する姿から捉えたもの」としており，生きる力の基礎となる心情，意欲，態度を示しています。また「内容」については「『ねらい』を達成するために，子どもの生活やその状況に応じて保育士等が適切に行う事項と，保育士等が援助して子どもが環境に関わって経験する事項を示したもの」としており，乳幼児が環境にかかわって展開する具体的な活動を通して総合的に指導されるものとされています。

そして，これら「ねらい」と「内容」について，子どもの発達の特徴を踏まえ，①心身の健康に関する領域「健康」，②人との関わりに関する領域「人間関係」，③身近な環境との関わりに関する領域「環境」，④言葉の獲得に関する領域「言葉」，⑤感性と表現に関する領域「表現」としてまとめ，示しています[2]。これが５領域といわれるものですが，この領域とは，子どもの発達をみる窓口です。つまり，図７−１のように一人の子どもを考えてみますと，その子の健康面の育ちや人間関係の面，環境にかかわる力や，言葉や身体を使って表現する力といった，その子の発達をみるための視点と理解してみてください。そして，この領域の視点から子どもの活動をみてみると，日々の子どもの遊びのなかには，５つの領域が密接に

➡1　幼稚園教育要領，幼保連携型認定こども園教育・保育要領でも同様の説明がされています。

➡2　「保育所保育指針」第２章「保育の内容」。

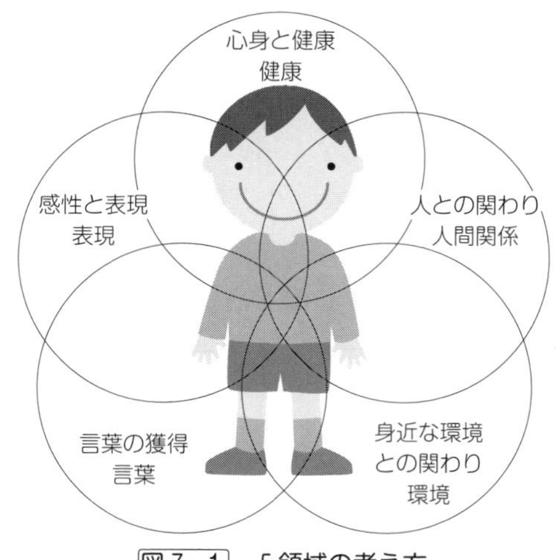

図7－1　5領域の考え方

➡出所：筆者作成。

※生活や遊びを通じて，子どもたちの身体的・精神的・社会的発達の基盤を培う

図7－2　乳児保育の3つの視点

➡出所：厚生労働省「保育所保育指針の改定について（平成29年7月中央説明会資料）」2017年より筆者作成。

かかわっていることが読み取れます。このように，乳幼児期の教育・保育は遊びを通して総合的に指導されるものであるのです。

また乳児（0歳児）については，乳児期の発達の特徴を踏まえ，「5領域」ではなく「3つの視点」から保育の内容を捉えています。「3つの視点」は，今回の改定で初めて示されたもので，「健やかに伸び伸びと育つ」「身近な人と気持ちが通じ合う」「身近なものと関わり感性が育つ」に整理されています（図7－2参照）。なお，図7－2からもわかるように，これらのベースに「養護」があります。人間（乳児であっても）が生きていく上で，どんなことが大事かを示したもので，生きていく基本そのものが3つの視点になっています。

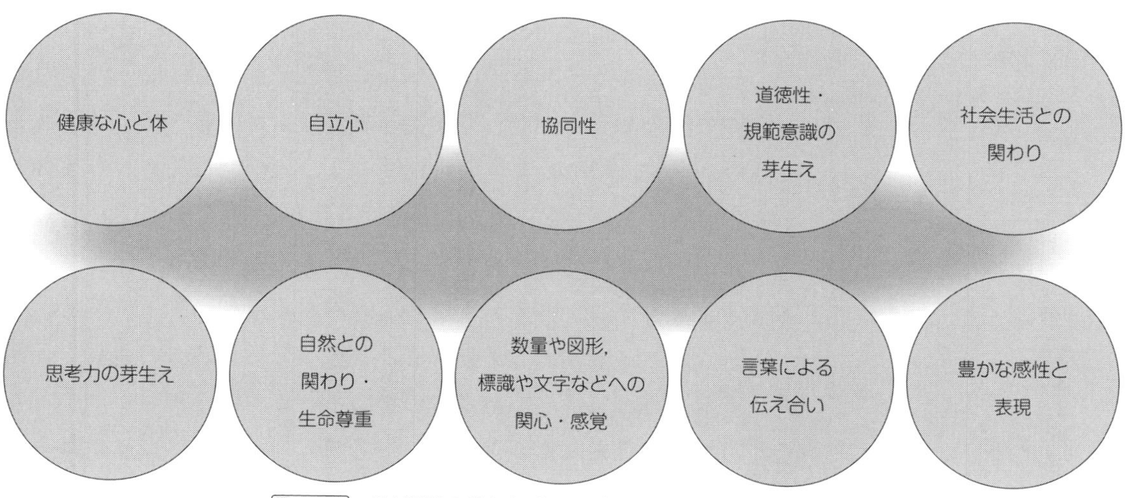

図7－3 「幼児期の終わりまでに育ってほしい姿（10の姿）」

出所：文部科学省「幼児教育部会における審議の取りまとめ」2016年より一部改変。

❷「育みたい資質・能力」と「幼児期の終わりまでに育ってほしい姿（10の姿）」

2017年の保育所保育指針等の改定（訂）の大きな特徴として，「育みたい資質・能力」と「幼児期の終わりまでに育ってほしい姿（10の姿）」が示されたことがあります。これは，乳児期からの育ちが幼児期への保育内容につながり，さらに小学校以降の学びへとつながっていくことを示しています。

まず，「育みたい資質・能力」についてですが，これは保育所保育指針等において，各領域のねらい及び内容に基づく保育活動全体によって育むものとされており，①「知識及び技能の基礎」，②「思考力，判断力，表現力等の基礎」，③「学びに向かう力，人間性等」の３つの資質・能力を一体的に育むよう努めることが求められています。

そして，その「資質・能力」が育まれている子どもの小学校就学時の具体的な姿として，また，保育士等が指導を行う際に考慮するもの[3]」として示されたのが，図7－3に示した「幼児期の終わりまでに育ってほしい姿（10の姿）」です。

なお保育所保育指針等でも強調されていますが，この「幼児期の終わりまでに育ってほしい姿」は，到達すべき目標ではなく，個別に取り出されて指導されるものでもありません。この「育みたい資

3 「保育所保育指針」第1章「総則　4」。

質・能力」や「幼児期の終わりまでに育ってほしい姿（10の姿）」は，乳幼児期の遊びが重要な学びであること，さらには，乳幼児期の教育や保育がその後の人生を生きる力の土台になっていることを，社会や小学校以降の教育現場に説明するための言葉であり，道具なのです。遊びを通して，乳幼児期の各時期に，育てるべき「資質・能力」が育っていけば，おのずと見えてくる姿であり，決してこれらは到達目標ではないということは理解してほしいと思います。

子どもたちが主体的に活動することを通して，３つの視点や５領域，また３つの資質・能力や10の姿に示されている内容が，子どもたちのなかで育まれていきます。そして，何より実際にはこれらが別々にあるのではないということを，保育方法としては捉えておく必要があるでしょう。

2　子どもが「健康」に育つために求められること

第１節では，５領域等の基本などについて簡単に説明しました。ここから，領域「健康」の考え方と指導法について考えていきたいと思います。

❶ 領域「健康」に求められる多様さ

領域「健康」には，「健康な心と体を育て，自ら健康で安全な生活をつくり出す力を養う[4]」ということが示されています。この文だけを一読すると，当たり前のことが書いてあるように思えるかもしれません。

➡4　乳児については，「３つの視点」のなかの一つ「健やかに伸び伸びと育つ」において「健康な心と体を育て，自ら健康で安全な生活をつくり出す力の基礎を培う」とされています。

ところが，実際の保育のなかで，「健康な心」はどうすれば育つのか，「健康な体」はどうすれば育つのか，さらには，「自ら健康で安全な生活をつくり出す力」をどのように養っていけばよいのか，というような保育を実践しようとすると，その実現にはとても難しい現代社会が抱えている問題や課題がみえてきます。

特に，子育てが難しいといわれる時代となって，親子関係で難しさを感じる子どもが増えてきています。また安全への考え方も各家庭で多様になってきています。怪我をさせないように配慮してばかりでは，子どもは伸び伸び育つことができません。まして，「自ら健康で安全な生活をつくり出す力」をどのようにしたら子どもに身につけられるのかについては，園だけでなく，そのことを保護者にも理解してもらう必要があります。

❷「養護」が保育の基本

Episode 1　お母さんと分離すると，ずっと泣いていたAちゃん

生後8か月で0歳児クラスに入園してきたAちゃん。お母さんと離れる時はもちろんのこと，園にいる間もずっと大声で泣いています。人見知り・場所見知りが激しく，保育者が抱っこしてあやしても大泣きします。様々な玩具を見せても大泣き，場所を移動してホールや園庭に出ても大泣き，うさぎやカメなど生き物を見せても大泣き，幼児が気にして話しかけても大泣きのままです。眠くなっても寝ることができず，さらに泣き声が大きくなります。その上，園にいる間は，ミルクも飲まなければ，何も食べようとしません。

Work 1　どうすればよいかを考えてみよう

何をしても泣いてばかりいるAちゃんに対して，保育者であるあなたならばどのようなかかわり方を試みますか？　考えられるいろいろな方法を話し合ってみてください。

園で大泣きのAちゃんに，担当した保育者も相当苦戦しました。何をしてもうまくいかないというのが実感でした。たぶん，お母さんもAちゃんが初めての子で，家庭でもAちゃんを育てにくい子だと感じていたのだと思います。それだからこそ，担当する保育者がAちゃんとの信頼関係を何としても築いていかなければならないと思えた子でした。

保育者も何かヒントはないかと，保護者にAちゃんの好きなことを聞いてみると，「音の鳴る玩具が好き」「こども英語の動画が好き」「お母さんが抱っこして行う深いスクワットが好き」ということがわかりました。こども英語の動画が好きという話に，保育者は，なぜそのような動画が好きなのか，少し気になったのですが，とにかくAちゃんが安心することをしてあげたいという思いから，Aちゃんを抱っこして，スクワットや階段の上り下り，踏み台昇

降などをしながら声を掛けたり，Ａちゃんに歌を歌ったりすることから，Ａちゃんとのかかわりを深めていきました。すると，少しずつ泣く時間が少なくなり，笑顔もみられるようになったのですが，なかなかご飯を食べようとしません。ご飯の時間になると泣き出すのです。

そこで，保育者が立ってＡちゃんを抱っこしながら，外の景色を見ながら，休み休み気分転換をしながら，玩具で遊んだり，お花を触ったりしながら，園庭でご飯を食べさせることにしました。園庭に出たことで，初めて食べることができたのです。４月の中旬には探索行動も活発にみられるようになって，食事も保育者の抱っこで完食することができました。５月中旬には，椅子に座ってにこにこ食事をする姿もみられるようになりました。

改定された保育所保育指針では，乳児，１歳児，２歳児についての記述が詳しくなりました。また，これまで「保育の内容」の一部として示されていた「養護」が，保育の原理・原則を示す「第１章総則」のなかで示されることになりました。「養護」が「総則」に位置づいたことで，保育の基本に「養護」，つまりは「子どもの生命の保持及び情緒の安定」が図られなければならないことがより明確になったともいえます。それは，先に示した図７−２の背景（ベース）に「養護」があることからもわかるでしょう。

では，具体的にＡちゃんの事例から「養護」の重要性，そして領域「健康」につながっていく保育方法について考えてみたいと思います。

Ａちゃんは，保育園に入園する前から，「健やかに伸び伸びと育つ」ことが難しい子でした。そのため，入園してしばらくは，「身近な人と気持ちが通じ合う」ことも，「身近なものと関わり感性が育つ」ことも，ほとんどできないままの状態が長く続きました。

このようなＡちゃんに対して，保育者は丁寧にかかわっていきます。Ａちゃんの好きそうなこと，心地よく思えることを探っていくなかで，徐々にＡちゃんが安定していく状況や場を見つけていったのです。Ａちゃんが安定していくとともに，Ａちゃんは保育者を信頼するようになり，身近な玩具や自然に興味を示すようになります。そして，課題だった食事も口にするようになっていったのです。

この事例からみえてくることとして，領域「健康」の基本が，このような保育者の「養護」的な援助やかかわりにあるといっていいでしょう。乳児が自ら食べたり，安心して午睡をするには，まずは自分が安心できる環境が不可欠です。さらに，自ら身の回りのものに興味をもち，探索行動を行ったり，身近な他者に興味や関心を示すためにも，自分が愛されていると感じられるような保育が求められるのです。

また，子ども自らが自立していくことの心地よさを感じるには，保育者が個々の子どもを，人間として尊重するようなかかわりが求められているのです。

この基本は，何も乳児に限ったことではありません。幼児であっても，愛されているということ，そして一人の人間として尊重されるということを実感する経験を積み重ねていくことで，自信をもって様々なことに主体的に取り組めるようになるのです。そして，今回の改訂（定）で求められている，「育みたい資質・能力」は，あくまでも，乳幼児の主体的な活動のなかで育つ力なのです。

3　指導計画の基本的な考え方

❶ 指導計画の基本

指導計画については，詳しくは他の科目で学ぶと思うので，ここでは簡単に概要を説明しておきます。子どもが主体的に夢中になって遊ぶという場合，その計画は保育者だけが遊びや活動を考え，綿密に立てた段取りにそって子どもにやらせればよいということではありません。その一方で，何の計画もなく，子どもから出てきた声や遊びを待っていればよいというものでもありません。園全体でどのような生活を大事にするのか，その上で，各学年，各時期にどのような遊びや経験をしてほしいのかなど，見通しをもって保育ができるようにするのが，指導計画の役割なのです。

具体的に保育を行う際，その背景にはまず園の「全体的な計画」があります。そして，それを具体化したものが「指導計画」です。指導計画には，年間指導計画・期・月の指導計画などの長期的な計画と，週案や日案などの短期的な計画があります。このような保育の計画があって，その計画を基盤にしながら実践を行います。

❷ 領域「健康」と指導計画

では，領域「健康」の視点からみた時に，具体的に指導計画をどのように考えればよいでしょうか。まずは，以下の事例を通して，指導計画の意味を考えてみてください。

Episode 2　子どもたちから始まったリレー

毎年，運動会では，年長児がリレーをすることになっています。9月に入ると，保育者から子どもたちにリレーをやろうと提案することが当たり前になっていたのですが，この年の年長児は，少し違いました。昨年のリレーを覚えていたのか，6月頃，子どもたちから「先生，はちまき出して」「はちまきして，リレーやりたい」と言い出したのです。

保育者が考えていた計画とは異なったタイミングで始まったリレーは，当然，そのやり方もゴチャゴチャしています。でも，みんな楽しそうに走っているので，保育者はしばらく様子を見ることにしました。

子どもたちは，バトンをもらって一周走ることが楽しくて，リレーが競技として成立していないことに不都合を感じていません。保育者もしばらくそのような子どもたちの姿を見守ることにしました。

しばらくすると，リレーの輪から外れるＢちゃんが，保育者に「いつバトンが回ってくるかわからないからつまらない」と言ってきました。子どもは何をきっかけに不都合を感じるのかと思っていた保育者は，子どもたちに話し合うことを提案します。

「リレーってどうなったら勝ちなの？」「全員が早く走り終わったら勝ちでしょ」「でも人数が少ない方が，早く走り終わるよね」「チームの人数は，同じでないとだめだね」。子どもたちは，「競技して成立させるためのルール」ではなく，「みんなで一緒に楽しむためのルール」をつくっていきます。

チームの勝ち負けを意識するようになると同時に，ケンカも増えてきます。気持ちがぶつかり合うこの状況も子どもたち自身で乗り越えてほしいと思い，保育者から，作戦会議をしたらどうかを提案します。ただ作戦会議をするだけだと，ケンカを助長することになるかもしれないとも考え，保育者も作戦会議に入り，子どもに問いかける形で援助していきました。

「どうして負けたと思う？」「バトンを落として拾っている間に抜かれた」「では，どうしたらいいと思う？」「バトンを落とさないように，ぎゅっと握って走る」「でも落とすのは，いつもバトンを渡すときだよ」「バトンを渡す練習をすればいいよ」「いい作戦思いついたね！　その作戦を，試してみたらどうかな？」このような話し合いを繰り返しながら，リレーのやり方は，どんどんうまくなっていきます。子どもたちから，「先生！　リレーって頭使うよね」という声が聞こえてきました。

子どもの声から始まったリレーですが，紆余曲折はありながら，実際の運動会では，例年と同じようなリレーを行うことができました。ただ，子どもも保育者もいろいろな場面を通して話し合いを重ねてきた結果，子どもたちは「自分で自分の良さ，成長を実感できる」ことができたのです。

Work 2　子どもの主体性を生かす保育とは

Episode 2 の園では，子どもたち主体に始まったリレーが運動会の競技になっていきました。運動会で行うことになっているリレーを，保育者主導で教えていくのとは，何が違っていたのでしょうか。みんなで話し合ってみてください。

運動会というと，保育者には，どうしても全ての保護者が集まっている場で，子どもたちが頑張っている姿を見せなければならないというプレッシャーがあるのが一般的です。特に年長の競技では，小学校に入学する前の最後の運動会ということで，年下の子どもたちからも憧れられる姿を保護者も保育者も期待しています。そこで，保育者が考えた競技をうまく見せようとか，保育者の指導で競い合わせることに夢中になりすぎると，せっかく子どもたちが運動会を楽しみにしていても，保育者の指示や顔色を見て，子どもが動くという，一見，見栄えはよくなっても子どもたちがやらされている運動会になってしまう場合が多々あります。

子どもの主体性を生かす保育と，保育者主導で行う保育とは，何が違うのでしょうか。このことをもう少し深く考えてみましょう。

Episode 2 では，最初にリレーをやりたいと言ったのは子どもたちでした。昨年の年長児がはちまきをして行ったリレーのイメージがあったのでしょう。はちまきを保育者に要求することから，今年の年長のリレーが始まりました。ところが，具体的なやり方を子どもたちは知りません。バトンを受け取ったらとにかく一周走って，他の子どもにバトンを渡すというエンドレスリレーがしばらく続いたのでした。

もちろん，そこに保育者もかかわることができるのですが，保育者は，子どもたちが夢中になって取り組んでいる間は，できるだけ子どもたちが何を楽しんでいるかを見守るようにしています。大人が事前にきちんとしたリレーのルールを教え，それができるように指導するというよりは，子どもたちが決めたリレーのやり方を認めながらも，どの時点でその不都合さに気づくのか，またそれをどのように解決していくのか，その機会を探っていったのです。

子どもが何事かに主体的に取り組む時，何からのトラブルなしにうまくいくようなことはありません。「どこに並んでいいかわからない」「どっちが勝ちかわからない」などの声が出てくることで，子どもたちもどうしたらよいかを考える機会になります。

トラブルになりながらも，子ども同士がルールを話し合ったり，作戦を考えたりするなかで，結果的に，大人がイメージするようなリレーになっていきましたが，そこには，子ども同士がどうしたら公平なルールになるか知恵を出し合い，ルール内で勝つためにどんな作戦が必要かも含めて，自分たちでリレーに取り組んでいるという主体的な姿がみられました。そこには，子どもたちの，自分たちでリレーをしたいという強い思いがあったのです。

一般的に，保育者が指導計画を考える場合，子どもにどのようにその活動をやらせるかということに力点が置かれる傾向があります。特に，運動的なことや，生活習慣では，その傾向が強いかもしれません。体育指導の専門家がいるような園では，小学校で行う体育の授業のような指導が行われています。しかし，幼児教育・保育の基本原理である，「環境（遊び）を通しての指導」や「一人一人に応じて」などといったことは，運動的なことや生活習慣でも大事にされるべきです。子どもが主体的に取り組めるようになることがとても大事なのです。

Work 3　少し長い目で計画を考えてみよう

年長の３学期に，ドッジボールが自分たちで進められるようにするには，１学期，２学期には，子どものどのような遊びの姿があればよいでしょうか。みんなで考えてみましょう。また，年中や年少では，どのような遊びをしておいてほしいかも考えてみてください。

指導計画があまりにもきちっとしていると，幼児期の特性である「遊びを通して」という保育にならない場合が出てきます。その一方で，全く計画がないままに，放任の状態で子どもの遊びにかかわっていても，「幼児期の終わりまでに育ってほしい姿（10の姿）」に示されたような成長を得ることはできません。少し長期的な視点で，それもできるだけ柔軟に計画を考えていけると，いろいろな子どもの成長を受けとめて考えることができるはずです。

ドッジボールの人数分けも自分たちで行い，またコートも自分たちで白線を引けるためには，保育者がどこかで子どもたちに任せていく必要があります。トラブルが起こっても自分たちで解決できるような力も育ってほしいです。そう考えると，ドッジボールにつながってくるような経験をどのように積んできたかが問われてきます。その経験のなかには，ボールに触れる楽しさを感じることもあるでしょうし，また全くボールに触れない遊びでも，どのようにすればもっとおもしろくなるかという経験も，必要になってくるはずです。

戸外で体を動かすことが楽しいという経験は，乳児の頃からの経験が大きいかもしれません。乳幼児期を通して，どのような経験を積み重ねていくことで，体を動かすことが大好きになるのかを，みんなで考えてみることは，今後の子どもとのかかわりを考えていく上で，とても大事な視点だといえるのです。

短期の指導計画でも同じことがいえます。年長のリレーの事例でもわかるように，子どもが何を感じ，どのように取り組もうとするかに対して，柔軟に，しかも適切に対応できるような指導計画が求められてくるのです。そのためにも，子どもの姿や声に耳を傾けながら，子どもと対話する保育者のかかわりが重要になるのです。

4 環境の重要性

❶ 環境の出すメッセージ性

領域「健康」の保育方法を考える上で，どのような環境を保育者が考えるかという視点はとても重要です。遊ぶ場や遊ぶものがないなかで，子どもの意欲，特に体を思う存分動かしたい，もっと挑戦したいというような主体的な意欲や態度は育たないからです。

多様な興味や関心をもつ子どもたちが，個々に「体を動かすのが楽しい」と思えるようにするには，まずは体を動かしたくなる多様で豊かな環境が用意されている必要があります。鉄棒やぶらんこなどの固定遊具は，日常的に体を動かしたくなる環境です。このような環境があれば，子どもは何度でも挑戦していきます。それが一時期の一過性で終わるような環境だとすれば，「やったことがある」程度の経験にしかなりません。何度でも繰り返す，年長児の姿を見て憧れをもつといったような環境は，幼児期の子どもにとってとても重要な環境なのです。

ただその一方で，その環境が個々の子どもにふさわしいかどうかも考慮する必要があります。その子が使うには年齢が幼すぎるなど，使い方もわからず，あまりにも危ない環境になってしまうならば，大怪我をする可能性が大きくなります。子ども自らが自分の力を測りながら挑戦するような環境を用意するのも保育者の大事な役割といえるのです。

Work 4　子どもが体を動かしたくなる環境とは

以下の写真を見て，このような環境で自由に遊べると，子どもにどのようなことが育つかをみんなで話し合ってください。

子どもの運動面の低下は，子どもが伸び伸び遊ぶ環境が乏しくなってきていることと無関係ではありません。保護者もすぐに危ないといってしまう傾向が強いなかで，子どもが伸び伸び遊ぶことを保障するような環境が求められています。写真のネット遊具は，筆者の園で設置したものですが，３歳児から５歳児だけでなく，１歳や２歳の子どもでも遊びます。また，入園前の子どもをもつ親たちも，このように子どもが伸び伸び遊ぶ姿を見ることで，自分の子どもにも伸び伸び遊ばせたいという思いを感じることが起こってきます。このような環境からのメッセージ性は，思う存分遊ぶ場がなくなってきている実情を考えると，今後ますます大事になってくるといえます。

❷ 園庭環境を考える

体を動かすことの大事さを遊びのなかで経験する環境として，園庭の存在を欠かすことはできません。最近では待機児童対策のため，園庭のない保育所もでてきていますが，子どもにとって，外で遊ぶという経験はとても貴重なものです。

保育内容を豊かにする園庭環境について，大豆生田は，日本の保育文化のなかで次の3つの形態があったと，次のように分析しています[5]。

① 多様な運動誘発型の園庭

築山など起伏のある高低差を生かした園庭環境。登ったり，降りたり，くぐったり，ぶら下がったり，渡ったりなど，多様な動きを可能にする園庭。

② ガーデン型の園庭

園庭を子どもたちのガーデンとして，雑草や草花・野菜を育てたり，池など季節に応じた多様な自然に触れたりすることができるようにした園庭。

③ 遊び拠点（コーナー）型の園庭

泥団子や泥粘土，綱渡り，毛糸を使った手作業，絵具で絵を描く，忍者ごっこ，大きな木の下での絵本の読み聞かせなど，多様な子どもの遊び拠点となっている園庭。

実際には，各園の園庭だけでなく屋内も含めて，この3つの形態が混じり合って子どもの遊びが深まったり，広がっていくことが望ましいといえます。豊かな環境があり，そこにそのことを大事にする保育者がいると，領域「健康」のことを考えるだけでも，環境の果たすべき役割がいかに重要であるかがわかるのではないでしょうか。もちろん保育者だけでは，園庭といった大きな環境そのものを大きく変えることはできません。その一方で保育のなかで，多様な学びが起こるためには，どのような環境を大事にすべきかを考えるヒントになるはずです。園のどこであっても，子どもの小さな挑戦や学びを大事にしようとする保育者であってほしいのです。

➡5　大豆生田啓友「保育内容を豊にする園庭環境の工夫　園庭環境3形態試論」『BIOCITY（ビオシティ）』(76)，2018年，pp. 79-85。

5 子ども理解と保育者の援助

保育をしていく上で，どうしても大事にしなければならないことが子ども理解です。「この子は体を動かすことが嫌いだ」という保育者の見方が，その子を運動嫌いにしてしまう危険性があります。その子のできないことや，苦手なことばかりに目を向けるのではなく，その子が心のなかで感じている気持ちに目を向ける必要があります。

運動が苦手だと思っていた子が，じっと他の子どものしていることを見ていたとすれば，心のなかでは，「いつか自分もあのようになりたい」と思っているかもしれません。その気持ちがわからないままに，保育者が一方的に「運動が苦手な子」と決めつけてしまえば，その子が変わっていくチャンスを奪ってしまうことになりかねないのです。

乳幼児期を振り返って考えてみると，子どもは挑戦の連続を繰り返してきたといえないでしょうか。0歳から1歳の頃だけを考えても，寝たままの姿からハイハイをするようになり，歩くまでに成長します。その間，何度失敗しても，その歩みを止めようとはしません。体を動かす心地よさや，挑戦してできるようになる楽しさをいっぱい味わっているのが，乳幼児だといえなくもありません。そう考えると，保育者の役割はできないことを咎めるというよりも，むしろできない気持ちを理解しつつ，どのようにしたら，やってみたいと思えるか，その環境や状況を幅広く探っていくことにあります。一人でこっそり練習する，小さい子の前でやってみて応援される，みんなから応援されて取り組んでみる等々，様々な形で子どもが自らやってみたいと思える援助を行ってみることが求められているのです。

また子ども理解を深めていくためには，使い方にもよるのですが，カメラやビデオの使用が有効です。子どもの何気ない仕草のなかに，いろいろなメッセージが込められていることがわかったり，挑戦したことが初めてできた瞬間をカメラなどで撮影することで，子どもも大きな自信につながることが多々あるからです。また，そのような場面を，ドキュメンテーションとして保護者に伝えることも，保護者との信頼関係を築いていく上でとても有効です。

ただし，このような機器を，子どもや保育者のマイナス部分を強調するために使うのであれば，それは避けなければなりません。子ども理解が深まることで，保育者の援助も方向性が定まってくるのです。

保育者同士で，写真や映像を見合うなかで，小さな仕草や目線の先に，子ども理解が深まるヒントが隠されていることが往々にあります。そのようにICT機器を保育に上手に使うことも，これからの保育者には求められているのです。

6　子どもが元気に育っていくために

今の時代，子どもが子どもらしく生きるのが難しくなってきています。都会の高層住宅に住んでいる子であれば，乳幼児だけでなく，小中学校まで，ほとんど土に触れる機会がないままに生活することが当たり前になってきています。木登りや鬼ごっこなど，子どもが当たり前のように好きな遊びができにくくなってきています。

また，子どもの数が減少し，子ども同士が遊ぶ場所も機会も減少しています。何か体を動かして遊びたいと思っても，禁止事項がなく自由に遊べる場所がないため，子どもが主体的に遊ぶというより，おけいこ事として，費用を払って指導者がいるような受け身的な環境でないと，体を動かすことができなくなってきています。

子どもを取り巻く環境がこのような状況のなかで，改めて，乳幼児期の子どもがどんな経験をしていくことが，健康に育つことにつながるのだろうかという視点を持ち続けることはとても大事だと考えています。

保育所では園庭のない園も増えてきています。その一方で，園庭があっても自由に遊べない幼稚園があったり，過疎地で周囲に自然があっても，ほとんど園外に出ない園もあります。子どもが元気に育つために必要な環境や保育とは何か，そのことを保育者になるみなさんが真剣に考えてほしいと思えてなりません。

Book Guide 

・仙田満『こどもを育む環境　蝕む環境』朝日新聞出版，2018年。
保育という枠を超えて，子どもをのびのび育てる環境や遊びの重要性が，子どもの実態や，建築や園庭，遊具等のデザイン等の視点も踏まえて書かれています。

・宮原洋一『カモシカ脚の子どもたち──「あおぞらえん」からのメッセージ』新評論，2009年。
主に外遊びで遊ぶ子どもたちの姿が写真集としてまとめられています。外で夢中で遊ぶ子どもの姿を通して，そこで得られる子どもの育ちを考えてみましょう。

Exercise 

1. 子どもが主体的に遊ぶような，魅力ある遊具や園庭を考えてみてください。その際，年齢に応じた安全性に対しても配慮してみてください。
2. 「小学生の運動能力が低下している」という調査結果があります。乳幼児でできる対策を，みんなで話し合ってみましょう。

第8章

生活リズム・生活習慣にかかわる指導

お弁当を全部食べた子が，うれしそうに空になったお弁当箱を保育者に見せています。
写真の園ではお弁当ですが，保育所などでは給食が一般的になってきています。乳幼児期に食べることはとても大切です。だからといって無理やり食べさせればよいというわけではありません。乳幼児期の食事にはどのようにかかわることが大事なのでしょうか。

乳幼児期の食事は大切ですが，しつけや栄養摂取面を重視して，「全部食べなさい」「きちんと座って食べなさい」「無駄な会話はしない」など，大人の都合ばかりが優先されるような雰囲気のなかでは，食べることは楽しくありません。

本来，食事は楽しいものです。お腹が減ったから何かを食べたいというのは，人間にとって，最も自然な生活リズムです。そう考えると，楽しく食事をするためには，どのような環境や指導が必要なのかを考えてみましょう。生活習慣や栄養摂取ばかりが強調されて，「園で出された給食，もしくは家庭から持ってきたお弁当は，全部食べなければいけない」と無理やり食べさせられるのでは，園の食事の時間は怖いと感じてしまう子もでてきます。

「全部食べてほしい」という保育者の気持ちはありながらも，まずは子どもに「全部食べたい」という気持ちがあってこそ，「自分で全部食べられた」ことに，子どもがうれしさを感じられるのです。その気持ちが育つには，お腹が空いたと思える生活の仕方を考えてみることも大事です。また，保育者が，「みんなで食べられるのは楽しいね」とか「上手に食べられてすごいね」というように，個々の子どものよさを認めることも必要です。その一方で，「うまくしようとしてもできない子どもの気持ち」に共感し，そのような場面で保育者がどうかかわっていくかも，子どもとの信頼関係を築いていく上で，欠かせない視点です。子どものペースを大事にしながら，生活リズムや生活習慣をどう整えていくかについて学んでいきましょう。

1 乳幼児期における生活リズム・生活習慣を育む基本的視点

Work 1 子どもの生活リズムと生活習慣について現状と課題を確認しよう

「第 3 章　乳幼児期の生活リズムと生活習慣」を復習し，子どもの生活リズムの現状と，食事・睡眠・排泄・着脱衣・清潔の 5 つの基本的生活習慣について，獲得時期の傾向と今日的課題を復習しましょう。

子どもたちが健康な生活リズムを身につけ，基本的な生活習慣を獲得するためには，適切な時期に適切な援助を行う保育者のかかわりが欠かせません。生活習慣にかかわる援助について，保育者が配慮すべき事項を整理しておきましょう。

❶ 一人一人の発達過程に応じる

生活習慣の援助というと，「昼食をあまり食べない」「おむつがまだ外れていない」など，子どもがしないことやできないことに目がいきがちです。しかし，子ども一人一人の発達や実態の個人差に応じて援助するという保育の基本を忘れてはなりません。保育は，月齢・年齢ごとの平均的・標準的な発達の指標に合わせて行われるものではありません。確かに，こうした指標は一つの手がかりや目安にはなりますが，それだけを基準にしては，子ども一人一人に応じた適切な援助の時期を見逃したり，子どもに無理強いさせたりすることになってしまいます。確かに，各月齢・年齢における平均的・標準的な子どもの姿と比べてどうかは，保護者も気になるところです。しかし，平均的・標準的な子どもの姿を援助の基準とするのではなく，一人一人の子どもの発達過程の実態から，援助の時期や道筋を捉える必要があります。その子どもなりの成長や頑張りを認めることが，子どもの自信や自己肯定感を育み，自分でやろうとする意欲を支えていくのです。

❷“必要感”を育む

生活リズム・生活習慣の援助にあたっては，子どもにとって“心地よい”といった感覚とともに，なぜそうすることに意味があるのかといった“必要感”を育む視点が大切です。例えば，食事の後に口を拭くとさっぱりする，排泄後におむつを取り替えると気持ちよいといった感覚は，身近な養育者との応答的なかかわりによって，乳児期から体験的に培われます。子どもは，身体的・情緒的な快・不快の感覚を土台として，それぞれの行動の意味や必要性に気づいていきます。

保育者は，「きれいになってさっぱりしたね」など，その時々の具体的な生活場面で，行動の意味や必要性を繰り返し伝えていきます。ただし，子どもが意味や必要性を理解して習慣とするまでには，かなりの時間がかかります。以前はできていた行動をしなくなるなど，紆余曲折を経る場合もよくあります。こうした場合も，無理にやらせるのでは，結果としてはできたとしても，自分で考えて行動する力には結びついていきません。行動の意味や必要性を育む長期的で粘り強い援助が，自分で生活をつくっていく態度を育んでいくことにもなるのです。

❸“いま”の子どもの姿を共感的に理解する

また，その時々の子どもの気持ちに寄り添う姿勢を忘れてはなりません。生活習慣にかかわる行動は，できる・できないといった観点で評価してしまいがちです。しかし，「今はなんとなくしたくない」「今日は先生にやってほしい」など，子どもの気持ちは少しのきっかけで揺れ動きます。特に生活習慣が獲得されていく時期や，入園期など環境が大きく変わる時期は，したくない，できない，うまくいかないことがよくあります。大人でも不安で眠れなかったり食欲が減退したりするように，生活習慣にかかわる行動は，情緒に大きく左右されるものです。まずは，子どもの“いま”の気持ちを共感的に理解する姿勢が大切です。

そのためには，多角的な視点から子どもの姿を理解する必要があります。例えば，午睡でなかなか寝つかないのは，午前中の遊びのなかで十分に体を動かしていない，といった可能性や，家庭での過ごし方がいつもとは違ったことなどが理由の一つとして考えられます。また，例えば，まわりの遊具が気になってなかなか眠れないこともありますし，ズボンのゴムが少しきつくて落ち着かない，といったこともあります。特定の保育者がそばにいないと寝つけない子どもの姿もよくあります。このように，生活の連続性，空間や物・人などの周囲の環境など，様々な視点から子どもの姿を捉えることで，“いま”の子どもの気持ちがより深く理解できるようになります。

❹ 子どもの育ちを総合的に捉える

また，生活習慣の自立だけが幼児期に目指されることではありません。子どもの育ちを総合的に捉える視点をもった援助が常に求められます。次の事例をみてみましょう。

Episode 1　ボタンやって！（保育園２歳児，10月）

午睡前に，パジャマに着替える２歳児クラスの子どもたち[1]。パジャマは着脱の習慣の獲得の意味合いもあり，前がボタンのものを保護者に用意してもらっていました。月齢も様々なので，ボタンが上手にできる子どももいれば，保育者の手助けが必要な子どももいました。ある日，いつもは自分からボタンをとめようとするＡ児（３歳１か月）がなかなかやろうとしません。Ａ児に，「ボタンしないとお腹さむいよ」「ボタンさん，トンネルくぐれるかな」と声をかけましたが，首をふってやろうとしません。「先生と一緒にやろうか」と近くに行くと，Ａ児は体をよじらせて抵抗します。ふと，Ａ児の視線の先にＢ児（３歳３か月）がいることに気づき，昨日，Ｂ児がＡ児のボタンをとめていたことを思い出しました。「Ｂちゃんにやってほしいの？」と聞くと，Ａ児はうなずき，Ｂ児に「Ａちゃんのボタンのお手伝い，してほしいんだけど……」と言うと，Ｂ児は「いいよ！」と言い，うれしそうにＡ児のところへ行き，ボタンをとめ始めました。すると，すでに布団に入っていたＣ児（３歳０か月）が起き上がり，自分でパジャマのボタンをはずして，Ｂ児のところへ行きました。思わず，「えー！　Ｃちゃんもー？」と言ってしまいましたが，うれしそうなＢ児・Ｃ児，満足そうに布団に入るＡ児の様子を見て，やってあげたい・やってもらいたい，という思いが芽生えている子ども同士の関係をうれしく感じました。

保育者は，Ａ児のやりたくない思いを受けとめながら，Ａ児が納得して着替え，安心して布団に入れるように丁寧にかかわっています。また，ボタンをとめたがらないＡ児の思いを昨日の出来事と結びつけて理解し，Ａ児のボタンをとめてくれないかとＢ児に

➡1　午睡の際にパジャマへ着替えない自治体や園もあります。災害時に避難する際の安全性や，寒さから身を守るといった観点から，パジャマへの着替えを行っていない場合もあります。

声をかけています。Ｃ児がわざわざボタンをはずしてＢ児にとめてもらおうとしたのは予想外だったでしょうが，保育者は，仲間に親しみをもち，うれしそうにかかわっている子どもたちの姿を肯定的に捉えています。

確かに，生活習慣の自立というねらいからすれば，「Ｄちゃん，自分でやってみよう」と，自分のことは自分ですることの必要性を伝える場合もあるでしょう。しかし，この事例の保育者は，仲間とかかわることのうれしさを味わう経験を大切にしたいと判断したのでしょう。生活習慣の自立を援助する場面においても，そのプロセスにおける子どもの経験に目を向け，総合的な子どもの育ちを捉えた援助が求められます。

2　自分たちで生活の場をつくり出す力を育む

❶ 生活の仕方に気づき，考える

朝や帰りの支度，遊んだ後の片づけ，昼食前後の準備，園で飼育している植物や動物の世話など，遊びに加えて様々な生活行動が子どもの園生活を成り立たせています。子どもたちが園での生活の仕方を理解し，安心して主体的に生活するために，保育者は様々な役割を果たすことが求められます。

保育者も，子どもたちと一緒に園で生活をする一員です。保育者は，その都度の生活場面で，子どもと一緒に行ったり，見本になったりし，園での生活の仕方をその都度繰り返し伝えていきます。特に入園期は，園での生活の仕方がわからずに不安になる子どもたちもいますから，一人一人に丁寧にかかわり，安心して園生活がスタートできるようにします。はじめての行事，久しぶりのプールなど，はじめてや久しぶりの活動に取り組む場合には，前もって何をするかを子どもたちに伝えたり，準備や約束事などを一つずつ丁寧に示したり，確認し合ったりします。生活の仕方を伝えながら，その意味や必要性を子どもたちが実感できるようにすることも大切です。

また，生活の流れに応じて，その都度保育環境や内容を再構成していくことも重要です。例えば，朝と帰りの時間には，タオルかけの位置を子どもたちが支度しやすい場所に移動させたり，休み前で持ち帰る荷物が多い日は，時間のゆとりをもって帰りの支度ができるような配慮と同時に，子どもが身支度しやすいようにスペースを確保するなど，生活の流れを見通し，計画的に環境を構成していくことが求められます。

また，園生活は，仲間との生活でもあり，仲間と生活することのうれしさを味わうとともに，仲間にとっても心地よい生活を考えることが大事です。そのために，“今日は雨で，お外に行けなくて残念だったね。でも，廊下を走っている人がたくさんいてね……”など，帰りの集まりなどで，保育者がその日の生活で気になったことを全体に向けて伝えたり，一緒に考えたりする機会をもつこともあります。年長児ともなれば，子どもたち同士で話し合う場面をもって，みんなにとって心地よい生活になるためにはどうすればよいか，自分たちで考えていけるよう，見守りながら支える援助も大切です。

こうした保育者の様々な援助のもと，子どもたちに生活の仕方が理解され，生活の見通しをもって，生活の場を整えていこうとする意欲や，よりよい生活を自分たちで考えつくっていこうとする態度が育まれていきます。

❷ 自分たちで生活の場を整えようとする片づけ

自分たちで生活の場を整えていく身近な行動の一つに片づけがあります。3歳未満児では，遊びの延長で，保育者に遊具を渡す，かごに入れるなど，楽しみながら片づける姿があります。「ないない」と言いながらしまったり，自分で昼食の椅子を移動させるなど，遊具があるべきところにしまわれることに納得・安心したり，次の活動を楽しみに行動する姿もみられます。3歳以上児では，保育者の声かけで自分から片づけようとしたり，後から使うことを考えて丁寧にしまったり，自分が遊んでいたものではなくても手伝ったりする姿も出てきます。「今日はあまり時間がないから，これを出すのはやめよう」など，子ども自身で場の使い方を工夫して遊ぶ姿もあります。保育者が片づけの時間をあらかじめ伝えると，自分たちでその時間を理解し，まわりに声をかけ始めることもするようになります。

しかし，夢中になって遊んでいる子どもたちが急に片づけへと気持ちを向けることは難しいものです。保育者も，片づけの時間になったからといって，「片づけなさい」と一方的に指示するのではなく，子どもたちの遊びの状態や気持ちを捉えた呼びかけが大切です。

Work 2　片づけ場面における保育者の援助を考えてみよう

保育者が「お片づけだよ」と声をかけても，片づけずに遊び続ける子どもたちに対し，どのような援助の可能性があるでしょうか。子どもの年齢，遊びの状況 （どこでどのような遊びをしているのか）を決め，保育者役と子ども役でロールプレイを行い，保育者の具体的な保育行動（声かけなど）と子どもへの伝わり方を考えてみましょう。

例えば，十分に遊んだ後であれば，子どもたちの満足感・充実感に共感しながら片づけの必要性を伝えていくことができます。片づけて集まり始めている仲間の様子に気づかせるような声かけや，片づけの後に何があるかを知らせることで，子どもの気持ちが片づけへ向くこともあります。これからいよいよ遊びが盛り上がっていくところだった場合には，子どもたちの様子をみて，片づけの時間を少しずらすことも考えられます。また，「昼ご飯を食べたらまたやろう」「明日続きができるようにとっておこうか」など，子どもの気持ちに応じて遊びの継続の可能性を示しながら片づけていくこともあるでしょう。ままごとのごちそうを一緒に食べて“ごちそうさま”をするなど，保育者が子どもの遊びに入り，遊びの流れを片づけへと無理なく方向づけることもあります。そもそも遊ぶために長い時間が確保できない場合には，遊具の種類や量を調節するなど，子どもたちの気持ちと生活の流れが無理なく合うようにしていく環境構成も必要です。

また，特に３歳児は，発達的にも興味関心が次々と移り，遊びが転々と移行していくことが多い時期で，使ったものを片づけないまま，次の遊びを楽しんでいる子どもの姿もよくあります。まずは，子どもたちの遊びが充実していくことを重視し，保育者がこまめに環境を整えていくことも大切です。

確かに，なかなか片づけようとしない子どもはいます。しかし，夢中になって遊べているからこそ，片づけたくない，という気持ちが生まれるのです。子どもたちの「もっと遊びたい！」という気持ちに共感しながら，子どもたち自身が片づけようとする気持ちになるよう，援助の工夫が求められます。

片づけをめぐる援助の可能性は様々あり，子どもの発達課題に応じて適切なかかわりも変わってきますが，幼児期の終わりまでには，片づけの意味と必要性を理解し，生活の見通しをもって自ら片づけようとする態度を身につけてほしいものです。とはいえ，片づけの必要感は，年長児になって突然理解されるわけではありません。乳児期から生活の流れのなかに片づけが自然と位置づけられ，きれいになると気持ちいい，といった感覚が積み重ねられることで，生活の場を整えることの必要性に気づき，進んで片づけようとする態度が育まれていきます。

早く片づけたい子ども，片づけたくない子ども，大型積木は片づけたいけれど，ままごとの遊具は片づけたくない子ども，遊びに満足した子ども，嫌な気持ちを引きずったままの子ども……片づけの時間は，様々な子どもの思いが集まる時間であり，トラブルも起きやすくなります。保育室全体がなんとなく落ち着かず，ざわついた雰囲気になりやすいですが，保育者は一人一人の子どもの思いを丁寧に受けとめながらも，片づけへと気持ちを向けている子どもたちや，先に集まって待っている子どもたちを認め，クラス全体の子どもたちの思いを合わせていくような配慮が求められます。また，片づけが終わってみんなで集まった時には，落ち着いた楽しい雰囲気を心がけることが大切です。片づけた後にみんなと一緒に過ごす時間のうれしさや楽しさが，見通しをもって進んで片づけようとする気持ちにもつながります。

❸ 自分たちで生活をつくっていく当番活動

多くの園では，年長児になると挨拶当番や昼食当番，動物当番など，様々な当番活動に取り組んでいきます。しかし，5歳になったのだから当番活動をしなければならない，ということではありません。そもそも，当番活動というのは，園の様々な生活場面で必要な行動を自分たちでやりたい，みんなの代表としてやることがうれしい，という子どもたちの思いがあり，それならばみんなで順番にやっていこう，と始まっていくものではないでしょうか。

まずは，子どもたちが園生活の仕方を理解し，自分でできることは自分でやろうとする態度が身についていることが不可欠です。少しずつ周囲に興味や関心が広がり，保育者の動きに気づくようになると，真似をしようとします。それが“お手伝い”となり，自分から進んで保育者の“お手伝い”をしたり，保育者の先取りをして行動したりする姿も出てきます。例えば，昼食であれば，保育者と一緒に机を運んだり，仲間のお弁当を配ったりします。保育者も，子どもたちの様子をみながら，子どもたちが無理なくやれることを自然な流れのなかで少しずつ任せていくようになります。

とはいえ，年少であればあるほど，やりたい気持ちは強くても，まだ難しいこと，時期を待った方がふさわしいことも多くあります。“お手伝い”をしたいという子どもの気持ちは肯定的・共感的に認めながらも，“このやかんはとっても重いから先生がお茶を入れるね。みんなは座って待っていてね”など，理由とあわせて，子どもたちにはどうしてほしいかを伝えることも大切です。

また，５歳児にむけて，自分たちが園のなかで一番年上だ，園の生活をひっぱっていくのは自分たちだ，といった自信や意欲も大切に育てていきたいものです。５歳児は特別な存在という感覚が，進級することの喜びになると同時に，園全体で育てている動物の世話や運動会の種目紹介など，園の代表として何かをする場面での責任感にもつながります。ですから，３歳児では５歳児に対する尊敬や憧れを育み，４歳児では次は自分たちの番だといった期待感がもてるようにするなど，園の生活全体を見通した全体的な計画や教育課程のもと，それぞれの年齢で大切にしたい経験を捉えた援助が必要です。

このように，自分たちでできるという自信を育み，自分たちで生活をつくっていこうとする態度を養うことの延長線上に，当番活動があります。ただし，年長児であっても，クラスのみんなが当番活動に対して同じ思いでいるとは限りません。次の事例をみてみましょう。

Episode 2　ウサギのお世話やってもいいよ　（幼稚園５歳児，５月）

Ｄ児は，幼稚園で飼っているウサギが苦手で，触ることはもちろん，ウサギ小屋にもあまり近づきませんでした。５歳児クラスに進級し，ウサギの餌となる野菜を切ったり，ゲージの掃除をしたりしたがる子どもたちも増えてきて，子どもたちの間で誰が，いつ，どのようにやるかをめぐってトラブルになることも出てきました。保育者がそのことを帰りの会で話すと，なら順番にやればいい，という声があがり，クラスでウサギのお世話当番をつくってはどうかという話へ進んでいきました。しかし，D児は「僕はやらない」「くさいからいやだ」と言い，だんだん涙も出てきました。保育者は，D児の思いを認め，当番はみんなでやりたいことを伝え，また考えようということになりました。

次の日。子どもたちは，D児がどうしたらウサギのお世話ができるか考えてきたようで，「鼻をつまみながらやればいいよ」「急いでやれば大丈夫」「僕と一緒にやろう」など，遊びの時間にもD児に声をかけている様子がありました。最初は頑な様子のD児でしたが，帰りの集まりの前に，保育者に「ウサギのお世話やってもいい」とこっそりと言いに行きました。保育者は，帰りの会でD児の思いをみんなに伝え，クラスでウサギ当番が始まりました。

D児は，はじめは仲間がやっている様子を鼻をつまんで離れて見ていましたが，何回かたつと，鼻をつまみながらも新しい餌を入れたり，ウサギを触ることはなくても保育者や仲間と話しながら笑顔で見たりするようになりました。さらに，「明日はウサギ当番だ」と自分で当番を意識したり，登園した後，他の当番の子どもたちを待って一緒にウサギ小屋へ向かおうとする姿もみられるようになりました。

D児は，苦手なウサギへかかわることを強制されると感じ，当番を拒んでいました。しかし，自分の「嫌だ」という気持ちが無視されずに受けとめられ，どうしたらD児も当番ができるかを必死に考え説得する仲間のかかわりによって，自分が仲間の一員であることを実感できたのでしょう。最初は渋っている様子でしたが，少しずつ当番を受け入れ，保育者や仲間と共にウサギをお世話することを自分から行うようになりました。

当番が決められても，結局やりたい人だけ，早く来た人だけになってしまっては，せっかくの当番の意味がなくなってしまいます。当番でやるからには，仲間と協力し合って園生活の一場面を担う経験が積み重ねられるように配慮することが大切です。また，保育者も一緒に当番活動にかかわり，そこでの子どもたちの気づきや発見を共有したり，当番ではない仲間へつなげていくことも大事です。

3　生活の連続性を視野に入れた生活習慣の援助

❶ 遊びとの連続性

子どもたちは生活の全体を通して成長を遂げていきます。“生活”

と“遊び”は異なるものです。ただし，生活から遊び，または遊びから生活へと，いつの間にか転じたり，片づけでもあり遊びでもあるなど，重なったりすることもよくあります。生活と遊びとを厳密に分けて考えることは難しいでしょう。実際に子どもたちが遊びながら片づけることはよくありますし，保育者が,「配達屋さんになって届けてください」と子どもに声をかけることもあります。手洗い・うがいがいつの間にか水遊びになってしまって，保育者がしてほしくないことを伝えたりすることもあるでしょう。

また，子どもたちは遊びのなかで生活習慣にかかわる行動の再現をよく楽しみます。1歳でも，赤ちゃんの人形にご飯を食べさせたり，おむつを替えることをうれしそうに繰り返します。3歳頃になると，保育者の朝の挨拶の真似をしたり，ままごとでは食事，睡眠，着替えなどの繰り返しを楽しむようになります。遊びの世界のなかのこととして，生活習慣にかかわる行動を楽しんでいることがうかがえます。こうした姿からも，生活習慣にかかわる行動と遊びは相互に関連し合っているといえるでしょう。

生活習慣に対する援助では，状況や発達課題によりますが,「今は遊ぶ時間ではありません」など，遊びと生活との違いを意識して行動することを求める場合も確かにあります。しかし，同時に，遊びとのつながりや“遊び心”を大切にすることで，子どもの気持ちが活動ごとに不自然に途切れることなくつながり，子どもの生活全体を楽しく生き生きさせることも忘れてはなりません。こうした遊びとの連続性を意識した援助が，生活習慣にかかわる行動も，自分から進んでやろうとする姿，自分で考えて工夫して進めようとする姿につながっていくのではないでしょうか。

❷ 家庭での生活との連続性

子どもの生活は，園だけではなく，家庭や地域社会のなかで営まれています。保育者は，子ども一人一人の家庭や地域社会における生活と園での生活の連続性に配慮して保育することが求められます。連絡帳やお知らせボードを用いたり，送迎時に直接話したりなどして，その日の子どもの様子や，発達課題を共有し合うことも大切です。

特に，生活習慣の獲得に関しては，家庭との連携は不可欠です。

例えば，家庭での食事や排泄はどのような様子か，どのような声をかけているか，どのような道具を使っているかなど，家庭での過ごし方を知ることは大切です。ただし，家庭でのやり方をそのまま園で取り入れることが必ずしも適切だとは限りません。園は他の仲間と集団で生活をする場ですから，なかなか家庭と同じようにすることが難しい場合もあります。また，家庭ではできても園ではできないといったこと，また，その逆もあります。しかし，子どもにとってはそれぞれの場での自然な姿であって，違いが生じることが必ずしも悪いことでもありません。

大切なことは，子どもにとって，家庭での生活も園での生活も安定したものであり，安心して自分の気持ちを表現しながら生活できているかどうかです。家庭と園で異なる部分も理解しながら，保護者と保育者とが子どもの様子を共有し，生活全体を通して共に子どもを育てていこうという協力の姿勢をもつことが求められます。

また，家庭との連携にあたっては，ICT（Information and Communication Technology：情報通信技術）機器を取り入れている保育現場もあります。例えば，園での子どもの生活の様子を写真や動画で保護者と共有したり，生活習慣にかかわる保護者への“お願い”の連絡や“お便り”を電子化し，スマートフォンやタブレット端末でいつでも見られるようにする，といったことに活用され始めています。ただし，ICT 機器は万能なコミュニケーションツールではありません。対面してコミュニケーションし，共に協力し合う姿勢を実感としてもつことが関係をつくっていく上で不可欠です。ICT 機器を上手く活用しながら，保護者との関係をよりよく構築していくことが求められます。

❸ 小学校の生活との接続

幼児期の終わりまでに，健康な生活リズムや基本的な生活習慣を着実に身につけられているかどうかは，小学校以降の生活にも大きな影響をもたらします。眠かったり，お腹がすいていたりして，授業に集中できない状態では，学習に影響が出ることが懸念されます。体操着に着替えるなど着脱衣の機会は小学校でも多いですし，昼食も時間内に好き嫌いなく食べることが求められます。自分の持ち物は自分で管理をして，忘れものにも注意しなければなりません。乳幼児期に確かな生活習慣を身につけることが，学びへ向かう力の基盤となり，小学校以降の学習態度へとつながっていることが研究においても明らかになっています[2]。

これまで，乳幼児期の生活習慣を援助する上で，生活行動の意味がわかり必要感をもって行動する，自分たちで生活の場を整える，主体的に生活をつくり出そうとするなど，生活の見通しをもって健康な生活を自らつくり出す力の重要性を述べてきました。これらは，小学校以降の学びにおいても引き継がれ，基盤となっていく資質・能力の一つです。次の授業で使う教科書や道具を理解して準備したり，休み時間にトイレに行ったり，ロッカーや机のなかを整理したりなど，生活の見通しをもち，主体的に自立して生活する力は，小学校における学びに向かう力と直結しています。

小学校の学びの基盤となるこうした力は，乳幼児期全体にわたって身についていくものです。小学校への入学を目の前にして急に獲得されるものではありません。乳児期からの具体的な生活の流れのなかで少しずつ身についていくことに留意し，保育者が長期的な見通しをもち，援助することが必要です。また，主体的に生活していく力がどのように身についているのか，一人一人の子どもの幼児期までの実態を小学校と共有し，子どもの育ちを小学校へ接続していくことも求められています。

2　例えば，ベネッセ教育総合研究所「幼児期から小学１年生の家庭教育調査縦断調査　速報版」2016年など。

Book Guide 

・吉村真理子『０～２歳児の保育――育ちの意味を考える』ミネルヴァ書房，2014年。
この時期の子どもたちの「自分で」を育てていくことの大切さが，子育てや保育の実践からユーモラスに描かれています。生活習慣の獲得とは行動の獲得だけではないこと，そこでの豊かな子どもの学びに改めて気づかされる一冊です。

・守永英子・保育を考える会『保育の中の小さなこと大切なこと』フレーベル館，2001年。
保育をする人ならば，誰もが自分にも覚えがあるような，日常的な保育の一場面を切り取ったものですが，その時の子どもや保育者の思いがひしひしと感じられます。保育者は子どもと共に生活する存在であること，またそのことの意味を深く考えさせてくれる一冊です。

Exercise

1. 保育の観察記録や映像資料などをもとに，食事・睡眠・排泄・着脱衣・清潔の 5 つの基本的生活習慣をめぐる実際の子どもたちの姿を整理してみましょう。さらに，その子どもたちの年齢や発達課題を捉え，保育者の援助の実際とその意図について，仲間と考えて整理しましょう。
2. 年齢を決め，一日の指導計画を作成してみましょう。
   ①生活の流れのなかに生活習慣にかかわる行動が適切に位置づいているか，仲間で確認し合い，必要に応じて加筆しましょう。
   ②生活習慣にまつわる部分について，子どもの姿とそれに応じた保育者の指導が具体的に書かれているか，発達課題に応じたものになっているか，仲間で確認し合い，加筆しましょう。

第 9 章

食育にかかわる指導

写真は子どもたちが稲刈りをしている様子です。この園では，自分たちで刈り取ったお米を食べることも保育に取り込んでいます。保育のなかで稲刈りをする園は，それほど多くはないかもしれませんが，きゅうりやトマトなどの野菜を栽培したり，じゃが芋やさつま芋などを収穫して食べることを大事にしている園は多くあります。自分が食べている食材について，幼児期から実際に触れてみて食べることに，どんな意味があると思いますか？

ものが豊かになった今の社会では，調理しやすいように加工された食材が多く出回っているため，子どもたちが食材そのものの原型を知る機会は少なくなっています。魚の形を知らないままに，切り身で調理された形が魚だと思っている子どもも少なくありません。これからの社会を生きていく子どもたちにとって，毎日，口にする食材が，どこでどのように得られているのか，そこからどんな営みがあって食卓にでてくるのかを知ることはとても大事なことです。

さらにいえば，幼児期の栽培などを通して，自分たちが育て，そして収穫した食材が特においしいと思える経験や，逆に自分たちの栽培がうまくいかず，どのように育てたらよいのかを農家の人に聞きに行くなど，食に関心をもつような保育にも関心が集まってきています。昨今の異常気象などを考えると，これからの時代を生きる子どもたちが，身近な環境問題にどのように向き合っていくのか，という議論を避けて通るわけにはいきません。

そのひとつの切り口として，この章では，食育について学びます。

内閣府は2005年に食育基本法を制定し，2018年度から2022年度の計画として第３次食育推進基本計画を示しています。保育所や幼稚園では，給食などの食べる場面を工夫したり，クッキングや収穫体験などの体験活動が幅広く展開されるようになってきました。この章では年代に沿ってその両面の指導方法を考えていきます。

1　子どもの発達過程に応じた楽しい食の支援

「楽しく食べる子どもに――保育所における食育に関する指針」には子どもの発育発達に合わせて食育のねらいや内容が詳細に示されています[1]。ここでは，その指針を参考にしながら，０歳から６歳までの食育に関する指導について，具体的にみていきましょう。

➡1　厚生労働省「楽しく食べる子どもに――食からはじまる健やかガイド」2004年。

❶ 授乳期，離乳期から２歳児の食育のねらい及び内容

① ６か月未満児の食育

一人一人の子どもの安定した生活リズムを大切にしながら，保育者は子どもの発育発達に寄り添うことが大切です。母乳やミルクもほしがる時にほしがるだけ与えられるように支度を整えておきます[2]。何もかもが初めての経験を積み重ねていく時期です。特定の大人との継続的で応答的な授乳中のかかわりが，人への信頼感情や愛情感情の基盤となります（表９-１）。

➡2　厚生労働省「授乳・離乳の支援ガイド」2007年。

② ６か月～１歳３か月未満児の食育

子どもはよく遊び，よく眠り，安定した生活リズムで過ごしていると自然と食事をほしがります。大人も一緒に食卓につくとよいでしょう（表９-２）。

保育所など家庭以外の生活の場でも，持参していただいた母乳やミルクを調乳室に用意し，朝おやつ，昼食，午後おやつの食欲をみ

表９-１　６か月未満児の食育のねらい

〈ねらい〉
・お腹がすき，乳（母乳・ミルク）を飲みたい時，飲みたいだけゆったりと飲む。 ・安定した人間関係の中で乳を吸い，心地よい生活を送る。

表9－2　6か月～1歳3か月未満児の食育のねらい

〈ねらい〉
・お腹がすき，乳を吸い，離乳食を喜んで食べ，心地よい生活を味わう。
・いろいろな食べ物を見る，触る，味わう経験を通して自分で進んで食べようとする。

ながら授乳します。また，保護者との十分な相談をしておくとよいでしょう。「心地よい生活」をキーワードにした事例を示します。

Episode 1　8か月から保育園生活を始めたAちゃん

Aちゃんは8か月で入園しました。自宅でもまだミルク中心の3回食。保育者はお母さんと授乳のタイミングを相談し，昼ごはんの後，午後おやつの後としていました。ある日，いつものように昼ごはんと授乳をすませて，お昼寝をしました。午後おやつの後，いつもなら授乳をして降園ですが，その日はおかわりをしておやつを食べたため，保育者は授乳をしませんでした。おやつ後の授乳をしなかったことは，連絡ノートでお母さんに伝えました。

翌日，連絡ノートを見て保育者は「ドキリ」としたそうです。お母さんから，「おやつ後の授乳は，十分に食べたとしても欠かさないでほしい」とコメントがあったそうです。帰宅後，Aちゃんはよく泣いて，落ち着かない様子だったとのこと。お母さんの見解では，やはりお腹がすいてしまったのではないか，とのことでした。

ここでのポイントはAちゃんを中心とした，保育者と保護者の連携です。離乳は徐々に乳汁栄養から食事へと移行していく時期です。しかも，家庭と保育所の2か所で生活している乳児にとっては，寄り添う大人の連携が欠かせません。保育所では乳児のその日の様子をよく観察し，寄り添うことが大切です。

乳汁栄養から離乳食に移行することで，食事の幅が広がります。それまでの母乳やミルクの味から，野菜，お米，果物，そして卵，豆・魚・肉の味へと徐々に広がっていきます。離乳のスタートは，赤ちゃんが母乳やミルクではない食べ物をほしがるサインを出してくれます。どんなに幼い子どもでも，食べ物への興味や食欲がわけば，自分から進んで食べようとします。

Episode 2　お母さんのための離乳食講座での出来事

生後5か月の赤ちゃんとお母さんが，離乳食講座に参加しました。その日つくった野菜スープは，Bちゃんのお気に召したようでした。1㎝角に切ったキャベツ，大根，玉ねぎ，人参を鍋で甘みを出すようにして炒めます。塩をひとつまみ。これは野菜の甘味を引き出す程度の塩味です。Bちゃんははじめお母さんが口に運んだスプーンをペロリ。口のなかでペタペタと味わうと，もう一度お母さんはスプーンでスープを運びます。Ｂちゃんは再びペロリ，ペタペタペタ。次にお母さんはスプーン１杯のスープをＢちゃんのお口に入るようにスプーンを進めました。Ｂちゃんは口に含んだスープが漏れてきますが，味をじいっと感じている様子です。「上手に飲みますね」と話しかけると，「今日が離乳食デビューです」とお母さん。Ｂちゃんは野菜の甘味や旨味を初めて味わったのでした。５回ほど繰り返すと，それからは，自分からお母さんのスプーンの方へ口をもっていきます。離乳食の進め方には目安[3]がありますが，基本は子どもの食べたいという意欲に沿って進めます。このような食欲を促すことが，周りに寄り添う大人の役割です。

3　前掲書（2）。

③ １歳３か月から２歳未満児の食育

離乳食も中盤に差し掛かり完了期に向かっていく時期です。食事への興味はますますわき，自分の好きなもの，嫌いなものの意思表示も出てきます。

手づかみで食べることを楽しみ，次第にスプーンやフォークを使って食べることに慣れていきます。手づかみ食べは，食べ物の感触，温度などを肌で感じることができるため，子どもの発達にとって重要な刺激です。食べさせてもらう行為から，自分で口へ運ぶ行為への大きなステップです。周りの大人は多少食卓の上が汚れてしまっても，子どもが食事に集中する姿を見守り，援助することが大切です。

前歯が生えてくると柔らかいものはかじり取って口に入れることができ，第一臼歯が生えると本格的に咀嚼ができるようになります。口腔機能はそれを使おうとすることで発達してきます。離乳食だからといっていつまでも柔らかい食事だったり，刻み方が細かすぎては，咀嚼を促すことができません。食べ物本来の味を味わっていくためにも，咀嚼機能の発達にあわせた調理形態で，楽しい食事の時間を整えることが大切です（表９−３）。

食事に使用できる食材の幅が広がると，調理形態や料理の方法にも幅が出てきます。子どもは，食べ物の味だけでなく，初めての食感をますます楽しむことができます。

表９−３　１歳３か月～２歳未満児の食育のねらい

〈ねらい〉
・お腹がすき，食事を喜んで食べ，心地よい生活を味わう。 ・いろいろな食べものを見る，触る，噛んで味わう経験を通して自分で進んで食べようとする。

Episode 3　食べる時間を楽しむＣくん

Ｃくんは８か月から入園してきました。それまで母乳をたっぷり飲んでいたので，はじめは離乳食の進みもややゆっくりでしたが，次第に食欲旺盛に。０歳から１歳児のテーブルで，毎日最後までのんびり，味わって食事を楽しむ男の子です。そんな彼の食事が終わる頃の姿は，顔中にご飯粒がいっぱい。時には耳の後ろにもご飯粒がついています。そして，好みの味もはっきりしています。彼がお好みの野菜や豆は，自分で口に運んでモグモグしますが，じゃが芋は口に入れてしばらくするとぺぺぺと出してしまいます。このように食事を楽しみながら，毎日最後まで食卓に座っていました。保育者は，食後，Ｃくんのお顔をきれいにするのと，テーブルの上，床の周りの掃除が日課でしたが，そんな大人に支えられてＣくんは様々な食感や味を経験し，食事の時間を楽しく過ごすことができました。

食べ物の味や食感を楽しみ，子どものいろいろな食べ物を見る，触る，噛んで味わう経験を重ねていくためには，食事の調理形態だけでなく，寄り添う大人も，話しかけたり，一緒に味わうことが大切です。

Episode 4　未満児も，おやつは安倍川もちに

筆者が栄養士として勤務するＡ園で，きな粉餅をおやつに出してみることになりました。５㎜角くらいのサイコロ状にお餅を切ってきな粉をまぶし，離乳完了の子どもたちは１㎝×２㎝程度の棒状です。

保育者：「あら～，今日はお餅じゃないの！　美味しそう。さあみんな，よく噛んで食べましょう～」

子どもたちの間に座ってモグモグ（いつもより少しオーバーに）して食べていました。

子どもたちは保育者の顔をじいっと見ながら，モグモグ……そしてペロリ。「おかわり」の指差しをしている子もいます。

筆者はほっとひと安心。お餅は夕食までの十分なエネルギー源になります。きな粉だけではなくて，磯辺焼き，あんこ餅などバリエーションもあるし，おやつのメニューが増えます。お餅は咀嚼や嚥下のハードルが高いかと心配していましたが，保育者と調理室の連携をとることで，また一つ，食べ物の幅を広げることができました。

④ ２歳児の食育

２歳になると活動も活発になってきます。元気に外遊びをして帰ってきて，着替えてさっぱりして食事をする，というような生活習慣を身につけたいものです。大人の促しによって，食事前のうがい，手洗いなどができるようになってきます。食卓を整え，食事に必要な支度を自分で行うことも身につけるべき生活習慣です。

自分はあまり気が進まないおかずでも，友だちが食べている姿を見て少し食べてみたり，食具の使い方を「こうしたらいいんだよ」

表９－４　２歳児の食育のねらい

〈ねらい〉
・いろいろな種類の食べ物や料理を味わう。
・食生活に必要な基本的な習慣や態度に関心を持つ。
・保育士を仲立ちとして，友達とともに食事を進め，一緒に食べる楽しさを味わう。

と会話してみたり。子ども同士の刺激も加わって食べ物の幅はさらに広がっていきます。

活動量の増加とともに，身体成長も目覚ましい時期です。消化機能も個人差がありますので，食べた量からむやみに判断するのではなく，体重，身長，健康状態の定期的な確認を怠ることなく，乳幼児発育曲線で判断していくことがよいでしょう。心配な場合は長期的な視点で専門家にも相談しながら，その子のありようを受けとめて援助していくことが大切です（表９－４）。

２歳になると，毎日の食事のなかで次第に習慣が身についていきます。

Episode 5　野菜が下で，バナナが上

Ｄくんはその日の給食のきゅうりとワカメの酢の物を，パクパクと食べていました。つい数か月前までは，野菜は嫌いな男の子だったのです。「すごいね～。そんなにたくさん，食べられるんだね～」と声をかけると，満足そうな顔をして「僕は，きゅうりやワカメも食べるよ！」とパクパク。そして，全部食べ終えてデザートのバナナまで完食しました。ところが，隣のＥちゃんはお皿に酢の物が残っていて，もうバナナが食べたい様子。するとＤくんが筆者に，

Ｄくん：「あのね，僕のお腹のなかにはね，きゅうりとワカメがバナナの下にあるんだよ。Ｅちゃんもその方がいいよねぇ」

とにこり。先に酢の物を食べたので，胃の下の方に入っていて，後で食べたデザートのバナナはその上に入っている。ということのようです。デザートよりもおかずを先に食べた方がよいという，食習慣を理解している上に，一緒に食卓を囲むＥちゃんにまで気づかうことができるＤくんの成長を，食の場面で垣間見ることができました。

普段の生活のなかにも，食べ物に興味をもつきっかけはあります。

Episode 6　トマトをかじるＦくんとＧくん

筆者が栄養士として勤務するＡ園では，給食で使用する食材は可能な限り近隣の農家からいただくようにしています。ある日採れたての真っ赤なトマトを調理室に運ぼうとしていました。

Ｆくん：「それなあに？」（と寄ってきました）
Ｇくん：「わあ！」（つるつるピカピカのトマトに興味深々）
ＦくんとＧくん："にこにこ" と筆者を眺めるので
筆者：「どうぞ」
Ｆくん：ペロペロっとなめてみました。
Ｇくん：「Ｆくん，かして」そして，ちょっとかじってみました。
Ｇくん：「ん！」
Ｆくん：「なに？」かじってみると「んん‼」
ＦくんとＧくん："にこにこ" "にこにこ"

２人はトマトからジュワ〜っと出てくる果汁がおいしくて，交代ばんこでかじりはじめ，そのうちかぶりつき……。最後まで交代ばんこで食べてしまいました。あっという間の出来事でしたが，こんな何気ない日常が，「ああ，トマトっておいしいな」という経験につながっていくのかもしれません。園には菜園はありません。でも，十分にトマトに興味をもつきっかけになったと思う出来事でした。

❷ 3〜5歳児の食育のねらい及び内容

３歳以上児では，表９−５のように５つの項目について食育のねらいが挙げられています。

自由に活動し，想像力も豊かになり，ますます自分でできることや活動量が増えていく３歳から５歳児です。この年齢での食育の場面も，食事の時間と食に関する体験活動の両面で展開できます（図９−１）。

毎日の食事やおやつの時間は友だちや大人と共有する時間であり，発達心理学者の外山は「共食」と呼んでいます[4]。子どもは今まで食べたことのないものを，どのようなきっかけで食べようとするのでしょうか。一人で食べていれば，今まで「おいしい」と知っているものに偏って食べる可能性が高いでしょう。しかし同じ食卓を囲む友だちや家族がそれをおいしそうに食べていれば「食べてみようかな？」と感じるのだそうです。箸使いやお茶碗の持ち方なども同じです。子どもは周りの大人を観察し，自分も同じようにやってみようとします。そうすることで自然と上手に箸が使えるようになり，食事のマナーも身につきます。信頼関係のある人からのメッセージ

➡4　外山紀子『発達としての共食——社会的な食のはじまり』新曜社，2008年。

表9－5　3歳以上児の食育のねらい

「食と健康」
〈ねらい〉
・できるだけ多くの種類の食べ物や料理を味わう。
・自分の体に必要な食品の種類や働きに気づき，栄養バランスを考慮した食事をとろうとする。
・健康，安全など食生活に必要な基本的な習慣や態度を身につける。

「食と人間関係」
〈ねらい〉
・自分で食事ができること，身近な人と一緒に食べる楽しさを味わう。
・様々な人々との会食を通して，愛情や信頼感を持つ。
・食事に必要な基本的な習慣や態度を身につける。

「食と文化」
〈ねらい〉
・いろいろな料理に出会い，発見を楽しんだり，考えたりし，様々な文化に気づく。
・地域で培われた食文化を体験し，郷土への関心を持つ。
・食習慣，マナーを身につける。

「いのちの育ちと食」
〈ねらい〉
・自然の恵みと働くことの大切さを知り，感謝の気持ちを持って食事を味わう。
・栽培，飼育，食事などを通して，身近な存在に親しみを持ち，すべてのいのちを大切にする心を持つ。
・身近な自然にかかわり，世話をしたりする中で，料理との関係を考え，食材に対する感覚を豊かにする。

「料理と食」
〈ねらい〉
・身近な食材を使って，調理を楽しむ。
・食事の準備から後片付けまでの食事づくりに自らかかわり，味や盛りつけなどを考えたり，それを生活に取り入れようとする。
・食事にふさわしい環境を考えて，ゆとりある落ち着いた雰囲気で食事をする。

は子どもは受け取りやすいものであり，食に関するコミュニケーションも同じです。おかずばかり食べている時，大人が「ごはんも食べようね」と声をかけることで「食べてみようかな？」と気づきます。自然な促しで食べることができた時，「おいしいね」と声をかけることでさらに子どもの満足感は増すのではないでしょうか。できることが増えていく瞬間を，周りの大人が共感してくれる時，子どもはますます成長のきっかけを掴みます。

給食で旬の食材や地域の食材が自然に料理されていることも重要な環境設定です。子どもは日常の食事のなかで料理に使われている食材を知ることができ，春の竹の子や菜の花，夏野菜，秋の栗やきのこ，冬の甘い根菜類などから味や香り・色彩を感じることができ

保育所からの発信

ー考えよう！　食を通じた乳幼児の健全育成を支えよう！　保育所，そして家庭，地域とともにー

保　育　所

☆遊ぶことを通して

楽しく，そして思い切り遊ぶことで，子どもはお腹がすきます。まさに，健康でいきいきと生活するためには遊びが不可欠です。さまざまな遊びが，食の話題を広げる機会になるでしょう。

☆食文化との出会いを通して

人々が築き，継承してきた様々な食文化に出会う中で，子どもは食生活に必要な基本的習慣・態度を身につけていきます。自分たちなりに心地よい食生活の仕方をつくりだす姿を大切にしましょう。

☆人とのかかわり

誰かと一緒に食べたり，食事の話題を共有することが，人とのかかわりを広げ，愛情や信頼感を育みます。また，親しい人を増やすことが，食生活の充実につながることを気づかせていきましょう。

☆食べることを通して

おいしく，楽しく食べることは「生きる力」の基礎を培います。食をめぐる様々な事柄への興味・関心を引き出すことを大切にしましょう。

☆料理づくりへのかかわり

料理を見たり，触れたりすることは食欲を育むとともに，自立した食生活を送るためにも不可欠です。「食を営む力」の基礎を培うためにも，自分で料理を作り，準備する体験を大切にしていきましょう。

☆自然とのかかわり

身近な動植物との触れあいを通して，いのちに出会う子どもたち，自分たちで飼育・栽培し，時にそれを食することで，自然の恵み，いのちの大切さを気づかせていきましょう。

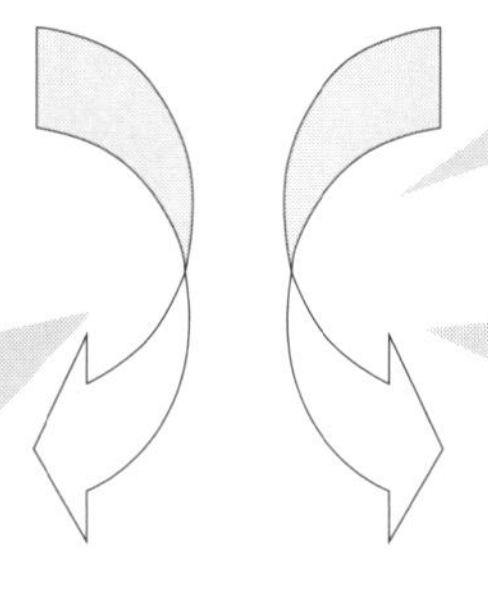

・子どもの生活，食事の状況を共有し，家庭での食への関心を高め，協力しあって「食を営む力」の基礎を培いましょう。
・食に関する相談など，保護者への支援を行いましょう。

食に関わる産業や，地域の人々の会食，行事食・郷土食などとの触れ合いを通して，地域の人々との交流を深めましょう。

保健所や保健センターなどと連携し，離乳食をはじめとする食に関する相談・講習会など，未就園の地域の子育て家庭への支援を行いましょう。

家　　庭 ⇔ 地　　域

図 9－1　保育所で育む“食べる力”の具体的支援方策

➡出所：厚生労働省「楽しく食べる子どもに――食からはじまる健やかガイド」2004年，p. 22。

ます。五感を使って食事を楽しむことは，食育の一つだといえるでしょう。食育の環境づくりというとランチルームの雰囲気や机や椅子の選定，テーブルクロスなども工夫していきたいところです（写真９-１）。

写真９-１　Ａ園の配膳の様子

Ａ園では３歳から５歳児のお昼ご飯は，自分の食べられる分だけ盛りつけます。この日から，おひつにご飯を入れるようにしました。木の香りも相まって，子どもにも大好評。残食も減りました。

食を通した活動の代表例としては栽培活動が挙げられます。植物の栽培経験が幼児期の食育の効果的な実践になるためには，栽培活動が日常的に行われていたり，生活の一部になっていること，また，栽培活動・食品加工・調理の延長線上に食べることが位置づいていることが重要だそうです[5]。野菜を育てて子どもの興味を引き出そうとする時，収穫だけを体験するイベントで終わらせてしまうのではなく，野菜が徐々に成長していく過程をみることができたり，途中で世話をすることができると野菜の変化を知ることができます。そして収穫の時を迎えた時，友だちと一緒に調理をして食べるという一貫した体験をすることで栽培から食べることへの距離が近くなり，食べることができた満足感，充実感，野菜のおいしさ，時には栽培の大変さを感じることができます。野菜の栽培から収穫，調理，食べる，という流れこそ，食育の醍醐味といえるのです。

５　外山紀子「作物栽培の実践と植物に関する幼児の生物学的理解」『教育心理学研究』**57**，2009年，pp. 491-502。

また特別な場面設定も子どもの心には印象深く刻まれることでしょう。友だちと育てたさつま芋を掘って，野外で焼き芋にして，ホクホクしたお芋を食べた時のワクワクした気持ち。遠足で食べたお母さん手づくりのお弁当の記憶。「今日のごはんは何かなぁ～」とこっそり給食室をのぞきにいったドキドキした気持ち。そんな心躍る体験ができるのも，食育の一環です。

① 食と健康

Episode 7　お魚をパクパク食べるＨくん（栄養士の視点から）

Ｈくんは５歳の秋を迎えていました。４歳の頃は白いご飯とお味噌汁（しかも，具は除く）しか食べなかったＨくん。献立はご飯とお味噌汁，カジキの照焼と三色ナムル。久しぶりにご飯を一緒に食べると，Ｈくんのほほえましい姿が。お魚を「Ｈはね，今日はお魚を食べるよ。だって，カジキを食べると足が速くなるんだ！」と言ってパクパク。他のごはんやお汁も全部食べて，「おかわりしてくる～」と言ってお魚とお味噌汁をおかわり。Ｈくんには，どんな変化があったのでしょうか。

後日先生から種明かしをしてもらいました。お魚に興味をもってもらうため，カジキやカレイ，鮭の姿図鑑を保育室に置いたそうです。カジキの上顎は剣状で特徴的な形です。子どもたちは「早く泳げそう！」とイメージが膨らんだそうです。

実際にカジキを食べたからといって，速く走れるわけではありません。しかしそんなふうに食べ物に興味をもって，食事の時間が楽しくなるなら，子どもにとってはかけがえのないきっかけだったと思います。

② 食と人間関係

Episode 8　ナス嫌いを克服したＩくん（栄養士の立場から）

４月，Ｉくんは野菜が嫌い。Ｉくんも，先生も，そしてお母さんもそれは少々困ったことのようでした。お母さんは「うちの子は白いご飯とお肉しか食べないんです……」とお話してくださいました。「そうですか。でも，どこかできっかけがくるかもしれませんね」と答えました。

７月，その年はナスが順調に収穫できていて，農家からたくさんナスが届きました。せっせと給食に使用しましたが，一部の保育者からは「ナス嫌いが多くて，食べるかなぁ」と不安な声も漏れてきます。マーボーナスやお味噌汁，カレーライスなどに使ってみました。すると「今日のナスは食べられたんだよ」と子どもたちからの反応が。数日後，Ｉくんがやってきました。

Ｉくん：「ぼくねえ，ナスをね，食べられるんだよ～」

筆者は，Ｉくんが食べたことはもちろん，自分から調理室に伝えにやってきたことがうれしかったので，お母さんにもお話しました。すると，Ｉくんは最近，仕事で忙しいお母さんのご飯の仕度を手伝うそうで，それをきっかけに，おばあちゃんにマイ包丁を買ってもらったそうです。お母さんは，Ｉくんの食べることへの興味が以前とは全然違うと感じていたそうです。

料理に興味をもったから食欲がわいたのか，ナスが食べられた自信から料理に興味をもったのか，どちらが先かはわかりません。しかし，食の場面でも子どもの成長を育むことができます。他にはお手伝いをする，などもよい例だといえましょう。その時，大人からもらった「ありがとう」の一言は，きっと子どもの自信につながるのではないでしょうか。

③ いのちの育ちと食

Episode 9　牛にご挨拶をするＪちゃんとＫくん

この保育園の給食で使用している牛乳は，近くの牧場の牛の乳です。そのことを知っているＪちゃんとＫくん，お散歩の途中で放牧されている牛に出合いました。

Ｊちゃん：「牛さん，いつも牛乳をありがとう～」

Ｋくん：「みんなによろしくね～」

どうしていつも保育園で飲む牛乳が，目の前の牛とつながったのでしょうか。保育者は，特別なお話をしたわけではありません。このエピソードでのキーワードは，Ｊちゃんの“ありがとう”と，Ｋくんの“みんな”です。私たちがいただく牛乳は，目の前にいる牛の産物だということ，牛は一頭で生活しているのではなく，何頭もいるということ。近くで寄り添う大人は，2人のそんな気づきをしっかり受けとめて，それぞれにフィードバックすることが大切な役割です。

④ 料理と食

Episode 10　レシピで促す，子どもの料理への参加

「今日のおやつの，海苔チーズトーストがおいしかった～！」と思ったＬくん，園と保護者の連絡ノートと鉛筆を持って調理室にお願いしました。「レシピ教えて！」。調理スタッフはうれしさ半分，「大事な連絡ノートにレシピ⁉」と戸惑い半分。それ以降，以上児クラスでは，おいしいと思ったもののレシピを書いてもらうことがちらほらあります。

このレシピは，園と家庭の思わぬつなぎ役になりました。ご家庭

から，「夕食の味噌汁は一緒につくりました」とのうれしいご連絡。一杯の味噌汁でも，子どもが野菜を切ったり，家族で味噌汁を囲んだりと，話題が膨らみました。こんな園と家庭の連携があってもいいかもしれません。

2 アレルギーへの対応[6]

➡6　第４章第３節も参照してください。

❶ アレルギー原因食材の表示義務

消費者庁は，過去の食物アレルギー健康被害などの程度や頻度から考慮して，特定原材料27品目の食品を選定し，容器包装された加工食品への表示を義務づけています（表９-６）。

園ではクッキングの時間や給食の材料として加工食品を利用することもあります。このような時，食品の原材料表示をよく確認し，アレルギーの原因物質が含まれていないことを十分に確認することが必要です。また，コンタミネーション[7]にも注意が必要です。

➡7　原材料として特定原材料を使用していない食品であっても，製造工程により原因物質が混じってしまうことをいいます。例えば同じ工場でくるみを使用した菓子Ａを製造している場合，製造ラインの都合上本来材料としては使用しない菓子Ｂにまでくるみが混入する可能性が否定できない場合は，菓子Ｂにコンタミネーションの注意喚起表記をすることを推奨しています。

❷ 給食でのアレルギー対応

保育所・幼稚園・幼保連携型認定こども園での食物アレルギー対応では，アレルギー発症をなくすことが第一目標ですが，同時に乳幼児の健全な発育発達の観点から，不要な食事制限もないように心がけます。「保育所におけるアレルギー対応ガイドライン」から除去根拠を表に示します（表９-７）。

❸ 除去食と代替食の違い

保育所・幼稚園・幼保連携型認定こども園でのアレルギー対応の特徴として，子どもの発育発達とともに経過中に耐性の獲得（原因食物が食べられるようになること）がすすむ場合があります。逆に経過中に新規アレルギーの発症がある場合もあります。対象年齢が幅広いため，事故予防管理や栄養管理が複雑にならないよう，給食人

表9－6　食品表示法に基づくアレルギー表示対象品目

表示の義務	理　由	特定原材料の名称
表示義務	発症数，重篤度から勘案して表示する必要性の高いもの。	卵，乳，小麦，落花生，えび，そば，かに
表示を推奨（任意表示）	症例数や重篤な症状を呈する者の数が継続して相当数みられるが，特定原材料に比べると少ないもの。特定原材料とするか否かについては，今後，引き続き調査を行うことが必要。	いくら，キウイフルーツ，くるみ，大豆，カシューナッツ，バナナ，やまいも，もも，リンゴ，さば，ごま，さけ，いか，鶏肉，ゼラチン，豚肉，オレンジ，牛肉，あわび，まつたけ

出所：消費者庁ホームページ「アレルギー表示とは」。

表9－7　除去根拠（除去の理由）の4パターン

明らかな症状の既往	過去に原因食品の摂取によりアレルギー症状が起きている場合。ただし鶏卵，牛乳，小麦，大豆などは年齢を経るごとに食べられるようになることがあります。
食物経口負荷試験陽性	原因と考えられる食物を試験的に摂取した場合に症状が陽性だった場合。
IgE 抗体等検査結果陽性（血液検査／皮膚テスト）	乳児アトピー性皮膚炎では IgE 抗体の感作だけで除去を判断している場合が多い。
未摂取	低年齢児ではまだ与えないような食物に対しては診断根拠がないため，未摂取として記載する。

出所：厚生労働省「保育所におけるアレルギー対応ガイドライン（2019年改訂版）」2019年，pp. 31-32より作成。

員に見合った安全な対応を心がけることが必要です。アレルギーガイドラインではアレルギー食対応はできるだけ単純化し，“完全除去”か“解除”のどちらかで対応をするとよいとされています。

Episode 11　ダブルチェック――保育者と調理室で子どもの安全を確保

ある園にて，1歳8か月のMちゃんは生の牛乳がアレルギーの原因食材です。クリームシチューやパンに含まれる牛乳は加熱してあるので給食の除去対応にはしていませんでした。その日の調理場はもろもろの事情が重なっていつもより人数の少ないメンバーでしたが，デザートがミルクプリン。牛乳を十分に加熱しないので，代替で豆乳プリンの対応を予定していました。しかし，アレルギー対応食が3種類，離乳食対応の食事が2種類で調理室が混乱し，うっかりMちゃんにミルクプリンが出てしまったのです。しかし，ここで保育者が気づき，Mちゃんには無事豆乳プリンが手渡り，安全に食事を楽しむことができました。

このように，筆者の経験したいくつかの調理場では，ダブルチェックが有効でした。ダブルチェックとは調理場と，保育者が声をかけ合うことです。よくカードや食事箋で明記しておくことがありますが，「今日は危険だな」という日こそ“声かけ”は何より有効だと思います。そして，子どものそばにいるのは保育者です。保育者も「給食はもしかして間違っているかもしれない」という疑いの目をもってチェックすることで，リスクを低くすることができます。違った目をもった人が確認し合うダブルチェックと声掛けは，最も基本的なルールかもしれません。またマニュアルの作成も有効な場合があります。

❹ クッキングなど食材を使用する行事

いつもより保育者の業務が忙しくなるクッキング体験や行事の時も，アレルギー対応を怠るわけにはいきません。例えば大豆が原因食物である場合は，節分の豆まきは対応が必要です。普段使用していない加工品を使用する場合は，前述した原材料表記をよく確認し，十分な配慮を事前に検討しておくことが大切です。また小麦粘土など，食べ物でないものも十分に配慮します。粘土を口に含まなくても触れて遊んでいることでアレルギー反応を起こすこともあります。

Work 1　保育の場面で配慮すべき食物アレルギー

行事食で気をつけなくてはならない食物アレルギー原因物質をピックアップしてみましょう。

3　食を通した家庭との連携

これまで述べてきたように乳幼児の食事は生活の一部です。子どもの健やかな身体の成長を促すためには，家庭と十分な連携をとって生活のリズムを整え，適切な食生活を送ることが重要です。

朝登園してきた子どもがなぜ泣くのか，今日はどうして食欲がないのか，いろいろな原因があると思いますが，保護者からの情報がなくては，子どもに寄り添うことは難しいのです。また園であったことを的確に保護者に伝えることも大切な役割です。子どもはおうちの人に「お話」はしますが，情報は渡しません。その日の機嫌，食欲，活動の様子など具体的な情報を伝えることで保護者もその後の過ごし方の工夫をすることができます。第4章で子どもの朝食欠食の課題がありました。先にも述べましたが，それは朝食だけに問題があるのではありません。一人一人の子どもの家庭環境や園での活動の様子全体から一日のリズムが生まれ，子どもの健やかな食生活が営まれることを常に配慮していきましょう。

Work 2

大人にできる子どもへの食支援

子どもの毎日の継続した食生活援助として，周囲の大人は何をすべきか考えてみましょう。

Book Guide

・**内閣府食育推進室「食育ガイド」2012年。**

http://www8.cao.go.jp/syokuiku/data/index.html からダウンロードすることができます。食育は乳幼児に限らず，全ての年代において意義があります。そして社会の様々な分野が関係して成り立っていくことが，ここにはわかりやすく示してあります。ワークブック形式にもなっているため，わかりやすく保育者自身も取り組みやすい内容になっています。

・**センター・フォー・エコリテラシー，ペブル・スタジオ（訳）『食育菜園　エディブル・スクールヤード――マーティン・ルーサー・キング Jr 中学校の挑戦』家の光協会，2006年。**

1995年アメリカの公立中学校での菜園教育実践の様子が語られている著書です。現在，日本でもエディブル・スクールヤード・ジャパン（ESYJ）が立ち上がり，活動をしています。

Exercise

1. 離乳期から2歳児の食育のねらいを参考にし，毎日の食事で実践できる食育に関する援助についてディスカッションしてみましょう。またその時の子どもの様子をどのように保護者と共有するかについても方法を検討してみましょう。
2. 3歳から5歳児の食育のねらいを参考にし，活動を通して子どもの心を揺さぶるような体験を提供できる具体的計画を立ててみましょう。子どもの自主性を重んじて考えてみましょう。

第 10 章

運動遊びにかかわる指導

スロープ登りに挑戦するＣ男。登り切ったクラスの仲間と先生が応援しています。この楽しそうな風景から，幼児期の運動遊びの指導において何が大切かを考えてみましょう。

子どもは遊びながら多様な運動を経験していきます。何よりも大切なことは「やってみたい」という意欲を高め，主体的に体を動かす機会を保障することです。スロープ登りのおもしろさは，この遊具が子どもにとってやさしすぎもせず難しすぎもしない斜度と，ロープの絶妙な長さにあるようです。そして，共に遊びのおもしろさを共有できる仲間の存在も大切です。

運動遊びの指導では何が大切か。本章では様々な事例を通して考えていきます。

2歳頃までの運動指導における留意点や工夫

❶6か月頃までの運動と援助

生後まもない赤ちゃんにみられる運動は，「反射」や「自発運動」です（第5章参照）。

反射には，出生後に自分で栄養を得る（吸綴反射），ものを摑む（把握反射）といったように，生存のために必要な運動として生まれながらに身についているという側面があると考えられています。

自発運動では，多様に体を動かす経験を積み重ねながら，タイミングを合わせて手足を動かす，体の重心を移動させて寝返りをうつ等の多様な体の動かし方を学習していると考えられています。また，これらの運動は乳児の血液循環を補助し，酸素や栄養を体の隅々まで送り届けるための補助的な役割を果たしています[1]。保育者には，乳児が心地よく自発運動を発現できるような環境を整備する（部屋の温度や湿度，着衣の動きやすさ，布団の堅さや掛け布団の有無など）配慮が求められています。

➡1　これをミルキングアクションといい，細かい骨格筋を伸縮させることによって，その中の血液を心臓の方に戻してやる働きのことです（小野三嗣『母のための健康学』玉川大学出版部，1999年，p. 109）。

「反射」や「自発運動」に反応をしてくれる大人の存在は乳児にとって重要です。特別に「遊ぶ」ということはまだ難しい発達段階ですが，このような「反射」や「自発運動」を通して，子どもとのコミュニケーションを深めることを大切にしてください。保育者のやさしい言葉かけやボディタッチといった豊かなやり取りとともに体を動かす経験の積み重ねは，動きのベースを形成するばかりではなく，乳児期の愛着形成にとっても重要な意味をもっていることを強調しておきたいと思います。

❷6か月～2歳頃までの運動と援助

「寝返り」「お座り」「ハイハイ」「つかまり立ち」「つたい歩き」「歩行」「走る」というように，6か月～2歳頃にかけて姿勢のコントロールや移動運動を身につけていきます。また，「摑む」「引っ張る」

「振る」「投げる」などの操作的な動きもみられるようになってきます。子どもの知的側面も急速に発達し，言葉を話すことができるようになることもこの時期の発達の特徴の一つです。運動発達と知的側面の発達が相互に深く影響を及ぼし合いながら発達が進んでいきます。

寝返りは，自身の体の状態をダイナミックに変化させる運動の第一歩ということもあり，保護者は「自分の子どもがいつ寝返りをするだろう」と楽しみにしている場合も少なくありません。自治体等で行われる６か月児健康診査では，「寝返り」や「お座り」の様子を確認する場合もあるでしょう。一方で，この時期の発達は個人差が非常に大きいため，その時点で寝返りができなかったとしても大きな問題とはなりません。

「寝返りをなかなかしない」といった場合，「寝ている布団が柔らかすぎる」「ベッドの幅が狭い」「厚着で動きにくい」といった子どもを取り巻く物理的な環境が動きを阻害していることも考えられます。子どもが心地よく体を動かすことのできるような環境を整えてあげることが大切です。無理をする必要はありませんが，下半身をひねる動きにあわせて手を添えて回してあげるなど，子どもの動きを補助することにより子どもの主体的な動きを引き出してくることにつながる場合もあるでしょう。

背骨や体幹が安定すると，「お座り」ができるようになります。座ることで周りを見渡せるようになり，乳児の視界は格段に広がります。また，周囲の人との目線が近くなることにより，情報や情動の共有が促される可能性の高いことが指摘されています[2]。寝たままの状態から起き上がる（座る）ことで腕や手の自由度が格段に高まり，様々な物を手で操作することを楽しむようになります。

2　渡辺はま「自己の芽吹きを支える身体運動」『発達』148，2016年，pp. 47-52。

Episode 1　ボールはどこへいったの？

乳児（10か月）が箱の穴にボールを押し込んで遊んでいます（大人が押し込んだ様子を見て真似て入れる。写真10-１）。自分が箱に入れたボールがどこへいってしまったのかが気になるらしく，箱の中をのぞき始めます（写真10-２）。大人が箱を開け，箱の中にボールが入っていることを伝えると，箱を持ち上げて自分の頭を入れてのぞき込みます（写真10-３）。

写真10-1　箱に押し込む

写真10-2　探す（疑問）

写真10-3　探す（探索）

Episode 2　おしゃぶりがはずれちゃった！

はずれてしまったおしゃぶりの棒を元の状態に復元しようとする乳児（11か月）の姿です。おしゃぶりの棒がはずれてしまいました（写真10-4）。はずれてしまったおしゃぶりの棒を元の状態に復元しようと試みます（写真10-5）。何回行っても上手くいかず，ダメだったことを伝えます（写真10-6）。

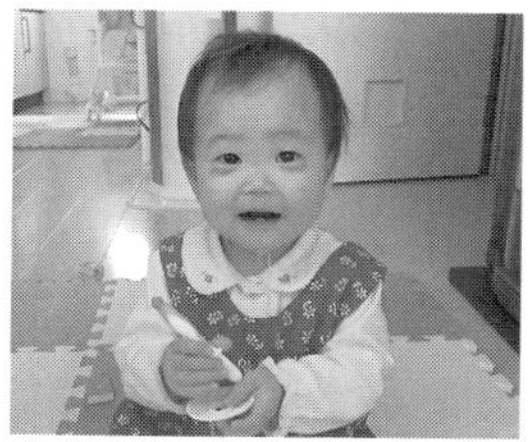
写真10-4　はずれたよ

写真10-5　試してみたけど

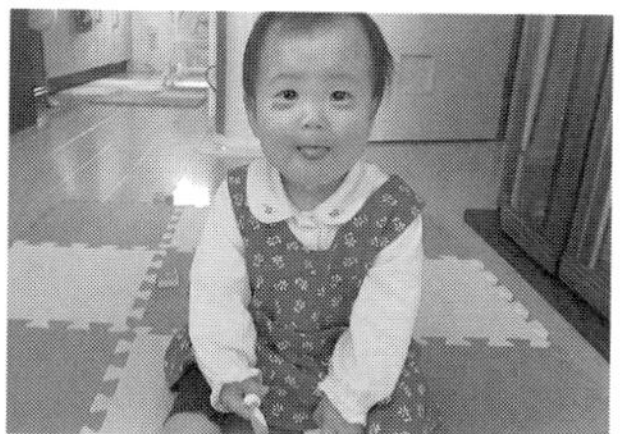
写真10-6　できなかったよ……

Episode 1 や Episode 2 では，手の操作的運動が巧みになっている様子や，運動を通して周りの大人と情動の共有を深めながら知的好奇心の広がりを見せる子どもの姿を垣間見ることができます。

乳児が「ハイハイ」を始めるのは，平均的には８か月ほどと言われています。上述したように，この時期の運動発達は個人差が大きいため，６か月頃からハイハイをする子どももいますし，10か月に入ってから始める子どももいます。多少の遅れに対しては気長に見守る姿勢が大切ですが，見守るということは何のアプローチもせずに放っておくという意味ではありません。子ども自身の動きたい（そこまで移動したい）という気持ちを引き出すような環境を整えることが大切です。

例えば，写真10-7は保育室の環境構成（０歳児クラス）です。段差や傾斜が意図的に設置され，子どもが様々な形で這う（傾斜を這う，段差を這う）動きを経験できるような工夫がなされています。また，子どものつかまり立ちを引き出すことを目的として，天井か

写真10-7　0歳児クラスの環境例

らボールやガラガラのオモチャが吊り下げられています。ボールの側には四角いソフト積木が置いてあり，つかまり立ちがしやすいように工夫されています。このように子どもの好奇心を引き出し，動いてみたいと思えるような環境の工夫をすることが，保育者に求められているといえるでしょう。

子どもは，自分の体を動かすことを通して，方位，位置，距離の感覚を身につけていきます。そして，移動した先にある様々な環境と触れ合うことで興味や関心の幅が広がり，知的な発達も促されていきます。

子どもの発達過程において，「環境が見える」ことの重要性が指摘されています[3]。そして，「環境が見える」ためには，受動的な視覚情報ではなく，自分の体で環境に能動的に働きかけて生み出した視覚情報が重要な意味をもつことを細田は下のように紹介しています。

3　細田直哉「保育における環境と心の育ち・身体性・遊び」『発達』155，2018年，pp. 22-28。

「床が見える」とは，それが「ただ見える」ということではなく，そこが自分の足で「歩ける場所」として見え，その可能性を身体によって実現できるということです。「崖が見える」ということは，その場所が「落下する場所」として見え，その可能性を身体によって回避できるということです。

環境の中にはこのように，自分の身体にとっての「行動の可能性」が無数に存在しています。そうした「行動の可能性」は先の実験が示すように環境に能動的に働きかけることによってはじめて見えてくるのです。

つまり，この時期の子どもは，体を使って移動しながら様々な可

写真10-8　大人に確認

写真10-9　見守られながら安心して

能性を試し，自らの世界を広げていると考えることができます。未知の世界へ向けて一人で挑戦していくことはまだ難しい段階ですが，信頼できる大人（保育者）に見守られているという安心感がともなえば，子どもは様々なことに挑戦していきます。子どもの挑戦の意図を汲み取り，時には見守り，場合によっては適切な援助を考えることが保育者の大切な役割となります。

例えば，写真10-8，写真10-9は，初めてすべり台に挑戦する子どもの様子です。大人が近くで見守ってくれているから，子どもも安心して初めての環境へ挑戦できるのです。まだ幼いこの時期に，思い切って挑戦してみたことが失敗し（この場合，すべり台から落下するなど），身体的な痛みや恐怖といった心理的ストレスと結びつけば，今後の挑戦意欲をそいでしまうことにつながりかねません。子ども自身が可能性を広げていく行為を見守り，安全を確保していく役割が保育者に求められているといえるでしょう。

子どもの可能性や世界を広げるといった意味では，この時期の屋外への散歩は子どもの発達に極めて重要な意味をもつものと考えられます。散歩の道中で生き物や植物などの自然環境に触れること（写真10-10）や街の人々との交流などは，単に「歩く」という運動を超えた貴重な経験として子どもに積み重なるにちがいありません。

❸ 2歳頃の運動と援助

幼児期における運動指導のポイントの一つとして，多様な動きを経験させることの重要性が指摘されています（第5章参照）。2歳頃には，大人が言葉として表現できる様々な動き（よじ登る，くぐる，跳ぶ，渡るなど）を次第に身につけていきますが，慣れない動きに

写真10-10　この葉っぱ大きい……

は子どもも慎重になります。それでも，はじめは大人の助けを借りながら（または見守られながら）経験を積み重ねることにより，次第に安定的に動くことができるようになっていきます。

この時期の運動指導では，運動パターンの多様性を子どもの経験として保障することが大切です。保育者に見守られながら，様々な動きに挑戦し，多様に体を動かす楽しさを少しずつ積み重ねることを通して身体活動への主体性や積極性が育まれていきます。

Episode 3　親子で多様な動きにチャレンジ！

ある園では，幼稚園における地域子育て支援の一環として，親子での運動遊び体験が実施されています。写真10-11，写真10-12は保護者と体を使った遊びを楽しむ２歳児の様子です。はじめは慣れない環境に慎重になり，保護者や保育者に助けられながら遊びますが，体の動かし方に慣れてくると，一人でダイナミックに体を動かす様子がみられるようになってきます。

写真10-11　竹の棒に摑まってターザン遊び

写真10-12　お母さんと一緒にトランポリン（手前），マットの山登りに挑戦（奥）

2　3歳児以降の運動指導における留意点や工夫

❶ 子どもの意欲を育む運動指導の実際と工夫

保育者に促されたり，友だちに誘われるといった特別な理由がなくても，活動すること（例えば縄跳びやリレーごっこなど）自体が目的となり行動が生起しているような状態を，心理学の分野では内発的に動機づけられた状態として捉えています。そして，このような状態こそが「子どもの遊びの姿」であること，その中核概念として，「有能感」や「自己決定の感覚」が想定されています（第5章参照）。この理論を踏まえ，保育者として，子どもの内発的動機づけを育む（遊びとしての活動を充実させる）ための具体的な指導や援助のポイントについて考えてみたいと思います。

① 子どもの有能感を育む

比較的多くの幼稚園で取り入れられている教材の一つに縄跳びカードがあります。「子どもが跳んだ縄跳びの回数を数え，その数を保育者がカードに書き込む」「縄跳びを行った日にシールを貼る」といったように活用されています。このようなケースでは，一見すると子どもが主体的に楽しく縄跳びに取り組んでいるようにみえる場合もありますが，「先生に認められたい（承認動機）」「先生に褒められたい（親和動機）」という外発的動機が強く働いている可能性が高いといえるでしょう。子どもに経験させたい運動（この場合は縄を跳ぶ動き）の楽しさやおもしろさをまだ子ども自身が十分に感じていない場合，活動自体へ内発的に動機づけられることが難しいこともあり，活動の初期段階では子どもの外発的動機を高めるようなかかわり方がしばしば見受けられます。しかしながら，「縄跳びカードに跳んだ数を書いてあげるから縄跳びをやろう」「縄跳び大会でメダルを取れるように頑張って練習してみよう」といった外発的動機ばかりを強調するような子どもへの接し方を続けることは，適切な援助とはいえません。なぜなら，子どもが遊びとして主体的に運動（この場合は縄跳び）に取り組むためには，その運動に内発的に動機づけられていることが重要なポイントとなるからです。内発的に動機づけられるためには，子どもがかかわっている運動を通して，有能感や自己決定感を得ることの重要性が指摘されています（第5章参照）。つまり，縄跳びに挑戦する子どもに保育者が行うべき援助は，「縄跳びカード」や「縄跳び大会のメダル」といったご褒美を準備することよりはむしろ，子どもそれぞれの運動能力に合わせて跳ぶ動きの特性を楽しむ（その子どもなりにできる）環境や運動の在り方を探ることです。子どもがもっているそれぞれの力が十分に発揮されるような環境（物的環境，人的環境）を考えることが大切です。小さな「できた」であったとしても，そのような感覚を積み重ねることで子どもの内発的動機づけが高まり，主体的に体を動かす子どもに育っていきます。

② 子どものやり方を尊重する

クラス全体の活動として長縄跳びを行う場合を考えてみましょう。例えば,「今日は長縄跳びを大波小波の歌に合わせて跳んでみましょう。縄を回す役目は先生と○○ちゃんです」「ならぶ順番は背の順。２回失敗したら次の人と交代ね」といったように，活動の仕方についてそのほぼ全てを保育者が決めてしまうようなやり方を目にすることがあります。限られた時間のなかで多くの子どもの運動量を確保することが求められ，効率を無視することができない事情があるかもしれません。しかし，効率的に身体活動量を確保することばかりに意識が向くあまりに，子どもから「今やっている活動は自分が決めて行っている」という自己決定感を奪い，場合によっては「先生が決めたことをやらされている」というネガティブな感覚を与えてしまう危険性があることを忘れてはなりません。

長縄跳びを子どもに経験させたいという保育者としてのねらいをもって一斉活動を展開する場合であっても，「今日は何の歌にあわせて長縄を跳ぶのかについて子どもと相談する」「何回程度跳んだら交代するのが適当なのかを子どもと一緒に考える」といったように，子どもの自己決定感をその活動のなかに保障するような工夫が大切になります。

Episode 4　子どもの「楽しそう」「やってみたい」を引き出す実践例

2013年，広島市では市立山本幼稚園などの６園が拠点園となり，市内ほぼ全ての園から数名の教諭が参加した「体力づくりプロジェクト研修会」が立ち上げられました。各園で行われている運動遊びについて意見交換を進めながら，「思わずやってみたくなる環境」「身近な生活環境とつながる環境」「繰り返し体験できる環境」「挑戦意欲を湧かせる環境」「友だちと楽しめる環境」という５つの視点から，実践的研究活動を続けた成果として，主体的に遊びにかかわろうとする子どものたちの姿が頻繁にみられるようになってきたことや，多くの保護者から「子どもの体力がついてきたと感じる」という反応のあったことが報告されています。[4]

写真10-13 「おはぎ」の遊び

プロジェクトでは，「跳ぶ」という動きを子どもが意欲をもって取り組めるようになるために，歌いながら跳んだり跳ねたりする「おはぎ」という遊びが考案されています（写真10-13）。この遊びは，地面に10個のマスを描き，その上を子どもが「おはぎがお嫁に行く時は」（アメリカ民謡・リパブリック賛歌のメロディに合わせて歌われる童謡・替え歌）に合わせて，前→後→横→横→ジャンケンと移動していくものです。子どもの体の大きさや体力に合わせてマス目の大きさを調整することもできるように工夫されているそうです。

Episode 4 では，複数の園が協働して，子どもの体力づくりに取り組んでいます。このように環境構成や援助の仕方を保育者が工夫することにより，「思わずやってみたくなる」「挑戦意欲をかきたてられる」「友だちと一緒にできる」「繰り返し楽しむことができる」といった活動に内包される要素が深まり，遊びとしての「跳ぶ」活動が子どもの生活のなかに定着していきます。

➡4　江村美起子「“拠点園”として取り組んだ『体力つくりプロジェクト研修会』を振り返って」『みんなのスポーツ』40（6），2018年，pp. 20–21。

❷ 多様な動きの経験を支える運動指導の実際と工夫

幼児期の運動指導では，子どもが多様な動きを経験することの重要性が強調されています。そして多様な動きに関しては，運動パターンという言葉で表現される動きの多様さと運動バリエーションという言葉で表現される動きの多様さの２種類を区別することの必要性が指摘されています（第５章参照）。

幼児期の運動指導を行う際には，これらの違いを理解した上で，運動パターンとしての多様さ，運動バリエーションとしての多様さ

写真10-14　魔法の絨毯　　写真10-15　お芋ほり

のそれぞれを確保するような指導の工夫が求められているということになります。

① 遊具の使い方を工夫する

4歳児では，3歳児で身につけた高い運動意欲を手がかりとして，得意な活動に含まれていない運動パターンが経験できるよう，活動の幅を広げていくようにすることが提案されています（第5章参照）。

例えば，マットを使って子どもと遊ぶ場合，「おいもみたいにコロコロ転がる」「友だちと手をつないで転がる」「前転をしてみる」などの転がる動きを楽しむ遊びは比較的容易に思い浮かぶと思います。マットといえば，小・中・高等学校の体育の授業で使われてきた用具（転がるための用具。もしくは跳び箱や平均台から落下した時の怪我を予防するための緩衝材）としての印象が強く，幼児に使用する場合であっても，転がる動きを経験するための遊具という考えに縛られてしまう人が多いためだと思われます。

しかしながら，「マットを魔法の絨毯に見立てバランスをとる」（写真10-14），「お芋ほりのお芋になったイメージで引っこ抜かれないようにしがみつく」（写真10-15）といったように「立つ（バランスをとる）」「握る」「引っ張る」といった多様な動き（多様な運動パターン）を経験することができます。遊具を使った遊びを考える際，自身のこれまでの経験にとらわれることなく遊具の使い方を見直してみることが大切です。保育者には，目の前にある遊具をどのように使えば子どもが楽しく多様な動きを経験できるか，という柔軟な発想が求められているのです。

② 子どもの動き方を変化させる

運動指導の場面において，子どもの動きのバリエーションを豊かにするためには，「時間，空間，力量」といった動きを変化させる3つのポイントを頭のなかに入れておくことが重要です(第５章参照)。

例えば，ボールを「捕る」といった動きを子どもが経験する場面を想像してみましょう。子どもがボールを捕る動きを経験する時に，保育者が軌道やスピードを変えずにボールを投げ続ければ，「子どもの捕り方（捕る動き)」は変化しません。捕る動きには「正面に投げられたボールを捕る」「横にずれたボールにあわせて体を移動させて捕る」といったように空間的調整を行うような捕り方があります。また,「速く投げられたボールを捕る」「やさしく投げられたボールを捕る」といった時間的な調整を捕る側に求めることも可能なはずです。力量的な調整としては，ボールの質量を変化させることが考えられます。ドッジボールのような比較的大きく重たいボールを捕る時と，テニスボールのような比較的小さく軽いボールを捕る場合では，同じ捕る動作であっても動き方（使用される神経）は微妙に異なってくるのです。「捕る」動きをバリエーション豊かに経験すれば,「捕る」動作にまつわる多様な刺激が脳に伝わります。多様な刺激が伝わることで，運動をつかさどる神経ネットワークが複雑に構築され，動きが洗練されてくることが期待できるのです。また，バリエーションを豊かにすることで，子どもは飽きずにその動きを繰り返し経験できるといったメリットも考えられます。

2017年に改訂された幼稚園教育要領では,「第２章　ねらい及び内容」の健康の「３　内容の取扱い」（２）として,「多様な動きを経験する中で，体の動きを調整するようにすること」という文言が新たに加えられています。[5]

➡5　保育所保育指針，幼保連携型認定こども園教育・保育要領の３歳以上児の「ねらい及び内容」にも同様の記述があります。

❸ 子ども理解に基づく運動指導

「場の保育論」で保育学会研究奨励賞（1996年）を受賞した江波諄子は，著書である『キーウェイディンの回想「子どもからの60のメッセージ」』のなかで自身の研究生活を振り返っています。そして,「子ども理解」をキーワードとして研究を続け，およそ20年もの試行錯誤を経た後,「理解とは誤解しないことが前提だ」という定理にたどりついたことをその著書のなかで紹介しています。さらに「理解は，分からないという不安な部分を残しながらも，愛を持って受けとめること」であり，「不安な状況に耐え，信ずることができなければ，理解という境地は開けてこないと思うようになった」というエピソードが述べられています。

江波の知見は，運動指導にも重要な示唆を与えてくれます。なぜなら，江波の論じている「子ども理解」はそのまま「子どもの運動指導の理解」に他ならないからです。保育者は，運動をどのようにできるようにさせるか（例えば，縄跳びを跳べるようにさせる。マットで前転ができるようにさせるなど）といった技術指導の方法論に意識が囚われがちになります。しかし，それは「子どもの運動指導の理解」のごく一部にすぎません。「理解とは誤解しないことが前提だ」という江波の指摘に立てば，技術指導の理解だけでは不十分であり，本書で示しているような乳幼児期の運動発達の特徴，遊びとしての運動指導理論について十分に理解を深め，知見を広げることが大切です。指導理論がベースとしてあり，目の前に存在する子どもと運動とのかかわりについて様々な視点から積み重ねを通して，目前にいる子どもへの運動指導の理解（子どもの運動指導を誤解しないこと）に近づくことができるのです。

保育の現場では，自身が行っている運動指導に不安を感じることも少なくないと思います。そのような時は，「不安な状況に耐え，信ずることができなければ，理解という境地は開けてこない」という江波の指摘に立ち返ってみてもらいたいと思います。「子どもの可能性を信じ」，様々な角度（視点）から子どもの運動経験の豊かさを追求する努力を怠らない（わからないという不安な部分を残しながらも，愛をもって受けとめる）ことだけが，不安な状況を打開し，運動指導の理解へつながる唯一の道であると江波は指摘しているように思われます。

❹ 日常生活における幼児の動きの経験と保育者の配慮

写真10-16は，登園した子どもが，下駄箱から自分のクラスへ移動するまでの廊下で「ケンパ（片足跳び）」に挑戦している様子です。保育者が子どもの生活に合わせた仕掛け（この場合は，ビニールテープでケンパの印を廊下につけたこと）を施すことにより，多様な動きを生活のなかで楽しむことができるようになります。他にも，「渡

写真10-16　ケンパで遊ぶ

写真10-17　ジャンプでタッチ

写真10-18　２人で協力して運ぶ

り廊下にジャンプしてタッチできるような高さでペットボトルを吊り下げておく」(写真10-17),「ボールが当たれば音が鳴るような的を木の枝にかけておく」など，子どもから引き出したい動きや子どもの運動能力，園の環境に応じて様々な工夫が考えられるでしょう。運動が得意でない子どもの場合，集団でダイナミックに展開されるような身体活動（ドッジボール，サッカー，鬼ごっこなど）において達成感や満足感を十分に得ることが難しい場合が少なくありません。そのようなタイプの子どもには，ちょっとした機会に自分のペースで挑戦でき，達成感を味わえるような環境は特に大切であり，そうした運動経験の積み重ねを苦手意識解消の方向へつなげていけるとなおよいでしょう。

また，用具の準備や片づけといった活動には，例えば，２人で運ぶ際に「お互いの歩調を合わせて歩く」(写真10-18)，物を重ね合わせるために「持ちながらしゃがむ」「大きさや方向を合わせる」など，子どもには比較的難しい運動技能が含まれる場合も少なくありません。これらの活動を日常生活のなかで繰り返すことにより，子どもの運動技能が獲得されていくことも十分に考えられます。

幼児期運動指針[6]では，「幼児にとって体を動かすことは遊びが中心となるが，散歩や手伝いなど生活の中での様々な動きを含めてとらえておくことが大切である」と指摘されています。「お手伝い」は運動技能を高めながら，自分の行動が感謝される経験を通して社会性の発達に影響を及ぼす可能性が高いともいえるでしょう。運動といえば，プールや体操教室といった習いごとがまずは思い浮かべられる傾向が少なくないなか，家庭に向けて「日常生活のなかでの動き」の意義を伝えていくことも保育者の大切な役割の一つとなっています。

➡6　幼児期運動指針
運動習慣の基盤づくりを通して，幼児期に必要な多様な動きの獲得や体力・運動能力の基礎を培うとともに，様々な活動への意欲や社会性，創造性などを育むことを目指すことを目的として作成されたものです。幼児期運動指針策定委員会により検討され，2012年３月に文部科学省スポーツ・青少年局長より各都道府県・指定都市教育委員会教育長へ通知されました。

❺ 子どもの運動経験と家庭や地域との連携

女子大学生を対象として，幼児期から小学校低学年くらいまでの頃，身体を動かすことが好きだったか嫌いだったかを思い出してもらいました。そして，「好きだった」「どちらかといえば好きだった」と回答した人をまとめて「好きだった」グループに，「嫌いだった」「どちらかといえば嫌いだった」と回答した人をまとめて「嫌いだった」グループとして分類し，保護者と一緒に体を動かす遊びを行っていた頻度との関係を調べた研究があります[7]。結果は，幼児期に体を動かすことが「好きだった」と回答したグループは，「嫌いだった」と回答したグループに比べて，幼児期に保護者と体を動かして遊んだ経験が多いというものでした。つまり，保護者と一緒に体を動かして遊ぶ経験は一般的には子どもにとって楽しい時間であり，そういった経験の積み重ねが子どもの運動に対する「好き嫌い」と関係してくる可能性があるということになります。

➡7　荒木千弥「親子における嗜好性の関係についての研究——運動嗜好に着目して」『十文字学園女子大学人間生活学部幼児教育学科令和元年度卒業研究』2020年，p. 23。

一方で，「子どもとどのようにして遊べばよいのかがわからない（遊び方がわからないから一緒に遊べない）」と悩む保護者が少なくないという声も聞かれます。保護者自身が幼児期に習いごとに追われ，遊んだ経験が豊かにないことに起因する悩みのようです。つまり，幼児期に遊んだ経験が乏しい保護者が子どもを育てる時代になってきたということです。また，利便性や移動効率を高める，バリアフリー社会への対応といった観点からエスカレーターや動く歩道などのモータリゼーションが社会のなかに整備されてきていることに加え，ロボット掃除機や宅配サービスの普及により日常生活における

写真10-19　お父さんと一緒にゴム跳び

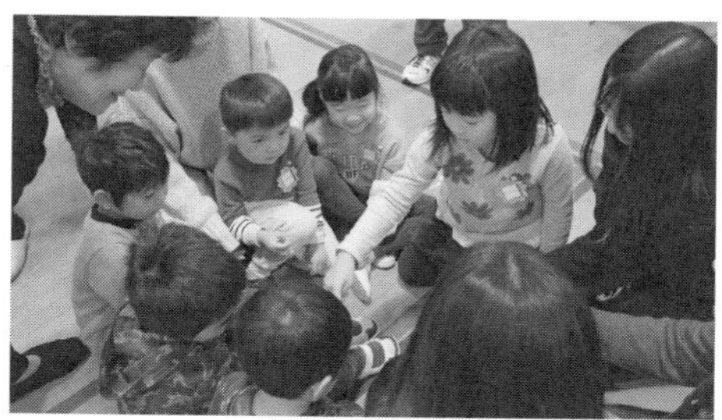

写真10-20　ずいずいずっころばしに夢中

活動量は低下傾向が認められています。さらに，2019年には世界保健機関（WHO）が「ゲーム障害」を正式に国際疾病として認定するなど，携帯型端末の普及にともなう遊びの情報化にどのように大人が対応するかということも課題になっています。

　このような状況を踏まえ，幼児期運動指針では，「幼児が様々な遊びを中心に，毎日，合計60分以上，楽しく体を動かすことが望ましい」と幼児期の身体活動量の目標値を定めています。そして，そのためには，「幼児にとって，幼稚園や保育所などでの保育がない日でも体を動かすことが必要であることから，保育者だけでなく保護者も共に体を動かす時間の確保が望まれる」と記されています。子どもと保護者が楽しく身体を動かす時間の確保へ向けて，「園で取り組んだ遊びの内容やその時の子どもの様子を保護者へ伝える」，「家庭で実践できそうな遊び方を保護者向けに提案する」，「近隣の公園マップを作成し家庭へ配付する」，「保護者と子どもが一緒に体を使って遊ぶ機会を提供する」（写真10-19），「地域の高齢者，保護者，子どもで伝承遊びを楽しむ」（写真10-20）など各園の実態にあった家庭や地域との連携が実践されています。

Book Guide 

・吉田伊津美（編著）『楽しく遊んで体づくり！　幼児の運動あそび——「幼児期運動指針」に沿って』チャイルド本社，2015年。

単なる遊びのハウツー本ではなく，多様な動きの経験を引き出すための発想のヒントを軸として構成されています。実際の遊び方や遊びを発展させていく考え方が丁寧に解説されており，運動を遊びとして援助していくためにとても参考になる内容となっています。

・**鈴木康弘『0－5歳児の　毎日できる！　楽しい運動あそび大集合――発達のねらいを押さえて心と体が育つ』学研プラス，2017年。**
巻末に「動き別索引」のあることが本書の特徴です。例えば，「跳ぶ」動きを子どもに体験させたい場合，どのような遊びが考えられるのかについて，索引からいくつかの遊びを発達段階別に参照できるようになっています。また，「幼児期の終わりまでに育ってほしい姿」と運動あそびとの関係を意識できるように構成されているのも本書の大きな特徴です。

Exercise

1. 公園にある遊具を使って保護者と子どもはどのような遊びを楽しむことができるでしょうか？　また，実際に子どもと遊ぶ際のポイントや留意点として，どのような内容を家庭へ伝えることが必要でしょうか？　保育者として家庭へ伝えることを想定し，「公園での遊びガイド」を作成してみましょう。
2. Exercise 1で考えた遊び方について「運動パターンを多様にする」（下記①の課題），「運動バリエーションを多様にする」（下記②の課題）ために，遊びをどのように変化させることができるでしょうか，グループで話し合ってみましょう。
   課題①：Exercise 1で取り上げたものと同じ遊具を使って，子どもが経験できる運動パターンを増やすためにはどのような遊び方ができるか考えてみましょう。
   課題②：Exercise 1で取り上げた遊び方の動きのバリエーションを変化させるためには，どのような遊び方ができるか考えてみましょう。

第11章

安全への配慮と子どもへの安全教育

子どもたちが木に登って遊んでいます。この写真を見て，みなさんはどんなことを感じますか？　楽しそうだと感じますか？　それとも危険だと感じますか？　感じ方で，保育の仕方が変わってくるかもしれません。みなさんで話し合ってみてください。

写真では３人の子が１本の木に登っています。一番上まで登っている子は，相当高い枝の上にいますし，２番目の子どもは，横に伸びた枝にぶら下がっています。一見すると「危ない」と思って，木登りをやめさせようとする人の方が多いのではないかと思います。

最近では，保護者からの要望もあり，危ないことはさせない方針の園が増えてきています。滑り台やぶらんこなども，自由には遊ばせないというルールを決めている園が多数あります。そのような園の保育者がこの写真を見たら，「危ないからすぐにやめさせよう」と思うのは当然かもしれません。

この章では，安全への配慮と安全教育について学びます。それは危ないことは全てさせないということではありません。多少危ないと思えることでも，どうやったら安全に遊ぶことができるかを子ども自身が学ぶ機会をつくることが大切なのです。

その視点で，もう一度，写真を見てください。この子どもたちが，何度も木登りに挑戦していくなかで，どうしたら落ちることなく上手く登れるかの技を，自分のものとして身につけているかどうかが大切です。この木の下の方には足をかける枝がありません。そのため，一番下の子は木の幹を一生懸命摑んで木に登っています。そういった木に登る技術がなければ木に登れない構造になっています。また，万が一落ちたとしても，木の下の地面にはやわらかい土や枯葉が敷かれており，不要な怪我を防ぐための配慮もされています。

子どもは，自分のできないことにも挑戦しようとします。ただ，本当に危ないと思うことには慎重です。そのような自分の身を守りつつ，挑戦する力も養うような保育が求められているのです。

そうはいっても，子どもに怪我はつきものです。子どもの心身の成長を阻害するような怪我は避けるように努める一方，万が一，怪我や事故があった時の対応についても知っておく義務があります。最近では，アレルギーや熱性けいれんなど，処置に一刻をあらそう症状が起きることも増えています。安心して保育に取り組めるためにも，医療にどのようにつなぐのかを，きちんと学んでおく必要があります。

子どもが成長，発達していくに従って，その活動範囲は広がっていきます。同時に子どもにとって危険なこともどんどん増えていきます。例えば，生まれたばかりの赤ちゃんは寝ていることが多いので，顔に寝具などがかからないように注意した上で，柵のあるベビーベッドなど平らな場所に寝かせておくと安全ですが，寝返りができるようになってから柵のないソファに寝かせていたら，急に寝返りを打って転落し，怪我をすることがあるかもしれません。お座りができるようになったり，立って歩くようになったり，月齢が上がってさらに成長すると子どもの行動範囲はますます広がります。ほしいものがあれば自ら手を伸ばして取ろうとして転倒したり，食べ物以外のものを口に運んで飲み込んでしまったり，喉につまらせたりする危険もあります。上手に歩いたり走ったりできるようになると園庭の固定遊具で遊ぶこともできるようになりますが，今度は遊具からの転落や園庭での衝突，転倒など，危険はもっと大きく増えていきます。つまり，子どもの事故は，子どもが成長するからこそ起こるものなのです。

しかし一方で，子どもは成長していくに従って，自分で身を守る力も身につけていきます。体の使い方を覚え，どうすれば転んだり倒れたりしないかを，それまで少しずつ積み上げてきた体験からわかるようになっていきます。同時に，交通安全など身の回りの危険についての知識を増やしていくことで，「危険」を頭で理解し，避けようとするようになっていきます。体の不調を感じ取れば，信頼できる大人に言葉で伝えることもできるようになっていきます。

そして，子どもの成長に寄り添い，その発達に沿って子どもの安全を守り，子どもたちが自ら安全な生活を築くことができるよう導いていくのは，子どもの周囲にいる大人，園においては保育者にほかなりません。日々の園での生活のなかで子どもの主体性を大切にした遊びをすすめるなかで，子どもの安全を守り，適切に導いていくためには，保育者はなによりも子どもとの信頼関係をしっかり築いていかなければなりません。

この章では第６章での基礎的な安全に対する考え方を土台に，より具体的な子どもの様子を捉えながら，その成長過程において保育者がどのように安全を守っていくか，同時に子どもたちがどのように安全について学んでいくことができるかについて一緒に考えていきましょう。

1　乳児の安全

❶ 0歳の赤ちゃん

0歳の赤ちゃんは未熟で自らの安全を守る力はありません。保育所，認定こども園では，母親の産休明けの生後43日[1]を過ぎた頃から保育を行っているところもあります。幼い赤ちゃんでも生まれた時から一人の人間として対等に接することが必要ですが，脆弱（ぜいじゃく）な赤ちゃんにはまだ自らの身を守るすべはなく，大人が絶対的にその生命を守らなければなりません。赤ちゃんには生まれた時から一人一人違った個性がありますから，それぞれの家庭による生活リズムや赤ちゃんの個性に応じて，園での生活を安定させていきましょう。

特に0歳の赤ちゃんでは睡眠中の死亡事故が多いことから，次の4つのルールを守り，特に安全な環境の下で十分に午睡ができるようにすることが重要です。

・うつぶせ寝にしない（寝かしつける時からあお向けで）。
・赤ちゃんの表情や顔色がよく見えるように，明るい室内で寝かせる。
・赤ちゃんが呼吸をしているかどうか，5分おき[2]に体を触るなどして一人ずつ確認する。
・寝具などが顔にかからないよう，周囲の環境に十分に気をつける。

赤ちゃんは生後3か月くらいになると首が座り，4～5か月になると寝返りを打つようになり，7か月頃になればお座りなどができるようになります。その後はハイハイやつかまり立ちをするようになって，行動範囲がどんどん広がっていきます。それにともない，転んで頭を打ったり，ドアのちょうつがいに手を挟んだり，室内外で想定される危険が増えてきます。子どもの成長にあわせて保育室内の環境設定を変えながら，保育者は危険を排除しつつ安全な環境設定をしていきましょう。

そして，子どもが毎日安心してゆったり過ごせるよう，丁寧な言

➡1　自治体によって産休明け保育の開始日は異なりますが，43日が最も早いケースです。

➡2　自治体によって違う場合もありますが，0歳クラスは5分に1回，1歳クラスは5～10分に1回の呼吸チェックを行うのが一般的です。チェックをしているかどうかは，自治体の監査でも確認されます。うっかり忘れないよう，タイマーを使って正確にチェックを行うことが必要です。

葉かけをしていくことが必要です。まだお話ができない赤ちゃんにも場面にあった言葉かけをしましょう。「お腹が空いたね」「おむつが濡れて気持ち悪かったね」「もう眠いね」といった，赤ちゃんの生理的な欲求を声に出して言ってあげることが大切です。今すぐにはわからなくても，その言葉が次第に赤ちゃんの感覚とつながっていき，やがて自らの健康と安全をつくり出す，というところにつながっていくからです。

この時期は，特に感染症にかかりやすい時期でもあるので，毎日，保護者との綿密な連絡を交わし，保育のなかでも子どもの顔色や表情，体温をよく観察していきましょう。また，集団生活であることから，感染症の重症化と拡大を防ぐために，予防接種の確認もしていきたいものです。

Work 1 言葉が話せない赤ちゃんに何を話しかける？

まだ言葉を発することができない赤ちゃんに対して，どのような言葉かけをしていけばよいでしょう？　様々な場面を想定し，考えてみましょう。

❷ 1～2歳の子ども

1歳を過ぎると「乳児」は卒業です。子どもはしっかりと立ち，次第に上手に歩くことができるようになっていきます。歯の本数が増えてくるにしたがって，硬いものもすりつぶして食べられるようになり，食事は離乳食から幼児食を経て，大人と同じ食べ物を食べられるようになっていきます。

この時期の子どもはさらに活動的になり，行動範囲が広がるので，転倒・転落などの怪我や，誤飲・誤嚥などの危険が急に増えていきます。例えば，戸外の活動では，固定遊具に注意しましょう。ジャングルジムや雲梯（うんてい）は，この時期の子どもでも最初の1段さえ登れれば上まで登れるので，気づいた時には相当高いところまで上がってしまっていることがあります。すべり台は最も転落事故の多い遊具なので，すべり台を使って遊ぶ場合には，保育者が必ず1人以上すべり台に張り付く必要があります。また，水辺に近づいたり，ベランダなど高いところから下に興味をもったりするので，転落しないように環境を整えた上で，子どもから目を離さないよう見守ることが必要です。

Episode 1　事故をきっかけに，「ハード」と「ソフト」を再整備

ある保育園で，１歳児クラスの子どものなかに怪我をした子がいました。その対応に保育者が集中し，個々の園児の動静[3]を把握しにくくなっているうちに，１人の園児が園内を歩き回り，園庭の隅にあるプールに落ちてしまいました。プールには水がはってあり，扉の鍵が老朽化で壊れていたことから子どもでも簡単に入れる状態でした。幸い子どもはすぐに発見されて救急搬送され，蘇生措置を受けた後で意識を取り戻して助かりましたが，園では子どもの動静把握ができていなかったこと，プールに不用意に水がはってあったこと，鍵など施設の管理が不十分であったことを重くみて，ハード面（プールの水の管理，施設の修繕など），ソフト面（子どもの動静把握，職員間の意思疎通など）の両面から安全対策を考え直し，二度と事故が起こらないようにする決意をしました。

Work 2　水への転落事故を防ぐために考えよう

０～２歳の子どもが近隣の公園などにある池や川，園内にあるプールの他，園内の排水溝など「水」のある場所に落ちたり，顔をつけて意識を失ったり，死亡したりする事故がこれまでに何度も起きています。そういった水の事故を防ぐために，保育者はどのような配慮をすればよいでしょう。ハード面（その場所の環境や，施設の管理など），ソフト面（子どもとのお約束やルール，職員間の取り決めなど）の両面から，具体的な対策を考えていきましょう。

保育室のなかでは，子どもの口に入る大きさ（40mm 程度[4]）のものを子どもの手が届くところに置かないよう，ビー玉やスーパーボール，小さな玩具，手作り玩具の部品などに注意しながら環境設定を行いましょう。掲示に使うマグネットや画鋲なども小さくて色がきれいなので，子どもの目に止まり，興味から口に入れる危険があります。そういった危険がない掲示を心がけましょう。豆まきや餅つきなどの行事も，喉につまらせる危険がなく安心して行うことができるよう，対象年齢を限ったり，形状を工夫したりして行いましょう。

まずは保育者が子どもにとって危険なものを知り，排除した上で，子どもの発達を保障するために，子どもが集中して遊び込めるコーナーや，子どもの興味を引き出して探索できるようなスペース，さらには十分に体を動かして活動できる場所を屋内外に確保していくことが必要です。

➡3　動静とは，「物事の動き。行動のありさま。様子」（『大辞林』第三版より）のことです。保育のなかでは子どもの動きに関して使うので覚えておきましょう。

➡4　文献によって数値は多少異なりますが，39～44 mm 程度の大きさのものは３歳児の子どもの口に入るといわれています。口に入れば，喉にも入るので，窒息の危険につながります。「誤嚥チェッカー」など，子どもの口の大きさに合わせ，危険を排除するためのスケールを利用するのもよいでしょう。

また，同時に感染症にかかりやすい時期でもあるので，保護者との連携を密にしつつ，適切に医療とつなげることも重要でしょう。

この時期の子どもは少しずつ言葉を覚え，大人が言うことを理解するようになっていきますが，危険についてはまだ理解することができません。保育者が言葉で「これはとってもあぶないんだよ」「落ちたら痛いよ」「お口に入れたりしないようにしようね」と，子どもの前にあるものが危険なものであることを丁寧に言葉で示しつつ，保育のなかで強く禁止したり，怒ったりする必要がないよう，あらかじめ排除していくことが必要です。一般的には２歳児クラスになれば，保育者が子どもの行動に十分に注意しながら，小さな玩具を使う遊びや，木の実などを使った製作を行うことができるようになっていきます。保育者が優しく温かなかかわりのなかで子どもとの信頼関係を十分に築きながら，言葉でも丁寧に説明していくことが，後に子どもたちが危険についての感覚を働かせていくことにつながっていくのです。[5]

➡5　乳児の安全については，「子どもの発達と事故例」（https://www.city.funabashi.lg.jp/kodomo/support/002/290701navi_d/fil/hattatsutojikorei.pdf）を参考にしてください。

➡6　小麦粉アレルギーの子どもがいないことを確認してから実施しましょう。

Episode 2　危険を理解して遊びに集中することが安全につながる

ある保育園２歳児クラスでは，小麦粉粘土[6]での製作を楽しんでいました。４，５人のグループに分かれ，子どもたちは脚を折ったテーブルの周囲に座っていました。グループごとに，保育者は小麦粉をこねて黄，青，緑，ピンクの色を食紅でつけ，子どもたちに分けると，子どもたちはそれぞれ自分の好きな形をつくっていきます。テーブルの上においてある箱のなかにはどんぐりや南天などの小さな木の実，葉っぱなどが入っていて，子どもたちは自分の粘土に好きな木の実や葉っぱを飾っていきます。２歳児クラスの子どもにとっては誤って口に入れてしまう可能性もある小さな木の実だったので，保育者は製作活動の前に「お口には入れないようにしようね」と丁寧に子どもたちに説明し，子どもたちの製作の様子を見守っていました。子どもたちは夢中になって粘土をこね，グループのお友だちの様子を見ながら自分のセンスで木の実を飾っていきました。事前に丁寧な説明を行うと同時に，子どもが楽しく集中できるような設定で製作が行われたので，木の実を口に入れるような子は誰もいませんでした。

Work 3　小さなものを使って遊ぶ時，何に注意しますか？

保育園の２歳児クラスのＡくんは，３歳児クラスの子たちが穴の空いた積み木を積んで，そこにビー玉を転がして遊んでいる様子を見て，自分もその遊びをしてみたくてたまりません。積み木の組み合わせ方によっていろいろなところからビー玉が出てくるので，とてもおもしろい遊びなのです。しかし，ビー玉は小さく，誤飲・誤嚥の危険があります。Ａくんに「ビー玉で遊びたい！」と言われた時，安全を守りながらＡくんの「遊びたい！」という主体性に応えるために，保育者はどのように対処したらよいでしょう？　言葉かけや，子どもとのルールづくりなどについて，考えてみましょう。

2 幼児の安全

❶ 3～5歳の子どもの生活と安全上の留意点

3～5歳の子どもは心身共にさらに成長し，活動範囲も広がっていき，大人の言葉を理解することで様々な活動ができるようになっていきます。子どもの主体性を守りつつ，安全な活動ができるように環境を整え，子どもたちが安全な生活ができるような気づきを与えたり，時には保育者が子どもに直接指導したりすることも必要でしょう。

この年代でいちばん注意が必要なのは3歳児です。3歳児は0～2歳に比べれば成長していますが，危険なものに気づかなかったり，唐突な行動をしたりすることもあります。特に幼稚園はもちろん，保育所・認定こども園でも，3歳児から入園してくる子どもも少なくありません。3歳から途中入園してきた子どもは，それまでの0～2歳の時期にどのような生活を送ってきたかよくわからない「ブラックボックス」状態です。もしかすると，家ではベビーカーに乗っていることが多く，自分で歩いたり，公園などで十分に体を動かす機会がなかったかもしれません。自分で食べたりすることがほとんどなかった子もいるかもしれません。一方で0～2歳を保育施設で過ごした経験のある子は，園で少しずつ生活経験を積んできたことで，上手に歩いたり，走ったりできるでしょうし，体の動かし方も年齢なりに理解しているはずです。

そのため，3歳児クラスでは一人一人の子どもの心身の発達や，できること，できないこと，安全に対する意識などが相当違います。3歳児クラスの保育を行う時には，子ども一人一人の違いに大きな注意を払うべきなのです。その個人差を無視して，「3歳さんだからみんなでこの活動をしよう」「去年の3歳はこの活動ができたから，今年もできるよね」といった大雑把な保育計画を立てると，思わぬ怪我をすることにつながります。一人一人の子どもの「できること」をいかに把握していくかが，安全につながっていきます。

特に幼稚園では「満３歳児」として，保育所の２歳児クラスに相当する満３歳になった子どもが入園してくることもあります。「満３歳児」といっても保育所であれば２歳児クラスであることを理解しつつ，丁寧な対応と，信頼関係を築くための言葉かけをしていくことが大切です。

４歳になると，子どもたちには「冒険心」ともいうべき気持ちが出てきます。活動範囲はさらに広がり，様々なルールを守りながら体を動かし，遊びを展開していくことができるようになっていきます。「年長のお兄ちゃん，お姉ちゃんたちのようになりたい！」という憧れから，年長の５歳児の真似をして，少し難しいことにも挑戦していく様子がみられます。鉄棒や雲梯などの固定遊具での遊びや，コマ回し，竹馬などの伝統遊びを通して，子どもたちはまた新たな体の動きを身につけていきます。４歳児のなかには５歳児でもできないような難しい遊びができるようになる子もいるでしょう。しかし，「できる」「できない」の評価で子どもを縛ることがないようにするべきです。常に「やってみたい！」と思う子がチャレンジでき，もしできなかったとしても「ダメだ」と思わせない環境，また，「できない子はダメな子」と保育者や他の子どもが思わないような環境づくりが重要です。子どもたちの「やってみたい！」という心を十分に満たすためには，失敗しても怪我をしない環境づくり，失敗しても恥ずかしいと思わない，劣等感を抱くことのない人間関係づくりが重要です。

５歳になると，子どもたちは「年長さん」の自覚をもち，さらに遊びの幅が広がっていきます。５歳児の体の発達には目をみはるものがあります。全身を使って思い切り全力疾走することもできるようになります。例えば，５歳児クラスで人気なのは「リレー遊び」です。子どもたちが自分たちでクラスを２つに分け，あるいは走りたい子が集まって，走る順番を決めて毎日走り続け，勝ち負けを記録していくこともあります。時には転んで悔しい思いをする子もいれば，走るのが苦手な子もいますが，誰を責めることもなく，子どもたちがただ自分の心や体と向き合って黙々と全力疾走している様子をみると，子どもたちの成長を実感します。

❷ 3～5歳の子どもの安全のために保育者が行うこと

この時期になると，子どもは安全に対する「見通し」「予想」というものを少し立てられるようになっています。「こうやって走ると転ぶかもしれない」「前回はここで転んだから，今度は転ばないようにしよう」といった気持ちがなんとなく芽生え，自分で気をつけようという気持ちになっていくのです。しかしそれらは全て，0歳からの丁寧な言葉かけや，保育者との信頼関係があって芽生えていくものです。

「幼児期の終わりまでに育ってほしい姿」のいちばん最初には「ア　健康な心と体」として，次のように記されています。

> 幼稚園（保育所，幼保連携型認定こども園）の生活の中で，充実感をもって自分のやりたいことに向かって心と体を十分に働かせ，見通しをもって行動し，自ら健康で安全な生活をつくり出すようになる。
> （カッコ内は筆者による）

幼児期の終わりの5歳児の頃に「自ら健康で安全な生活をつくり出す」ようになる要素が少しでもみられるようになるためには，やはり0歳から普段どのような活動をしてきたか，周囲の大人や保育者とどのようなかかわりをもってきたかが大いに影響するということです。何もしてこなければ，5歳児になっても見通しをもって行動したり，自ら健康で安全な生活をつくり出したりすることはできるようになりません。保育者は毎日の生活のなかでの自分のかかわりが，いかに子どもたちの健康と安全を育てていくかを意識しながら保育を行わなければなりません。

また，何か子どもの周囲で危険なことが起きた時に，子どもたちが保育者にそれを伝えることができることが必要です。子どもたちが自分の気持ちを安心して保育者に伝えることができるためには，普段からの信頼関係がベースになります。保育者が理由を聞かずに子どもを叱るような保育をしていると，なにか危険なことが起きても，子どもたちは保育者を信頼できないことから真実を伝えてくれず，子どもの命の危機につながる，といったことにつながります。[7] 普段の保育者の子どもへのかかわり方が，万が一の時にも影響するのです。

➡7　『死を招いた保育』では保育所の4歳児が本棚の下の引き戸の中に入り込んでいるにもかかわらず，クラスの他の子どもたちがそのことを誰も保育者に言わなかった様子が描かれています。普段から子どもをすぐに叱りつけるような保育を行っていた保育者を，子どもたちは信頼していなかったのです（猪熊弘子『死を招いた保育――ルポルタージュ上尾保育所事件の真相』ひとなる書房，2011年）。

❸ 保育者の声かけ，かかわりの大切さ

また，保育者が子どもにかける言葉も，子どもの安全につながってきます。保育者は子どものチャレンジを見守るとともに，子どもができるようになるまで「待つ」ということが重要です。例えば，子どもは自分の手が届かないような高いところに「乗せて！」「つかまらせて！」と保育者に頼むことがあります。子どもが自分で登れたり，摑まってぶら下がったりできることができるような場所であれば，万が一落ちても大きな怪我につながることはありません。しかし，子どもにせがまれたからといって，子どもが自分の手が届かないようなところに保育者がよかれと思って乗せてしまうと，落ちて大きな怪我をしてしまうこともあるのです。

また，子どもにとって高いところに登れる，他の子ができないことができるといったことは達成感につながるかもしれませんが，そういった遊びは本来「できる」「できない」で評価されるべきものではありません。他の子ができなかったからといって，「○○ちゃんは，なんで登れないの？」とバカにするような声かけをしたり，「○○ちゃんは，すごいね！」と他の子の前で特にほめるような声かけをしたりすることが，子どもたちのなかに優越感をもつ子，劣等感をもつ子を生み出してしまいます。また，子どもの気持ちや発達を無視して，「頑張って！」と励ましたり，けしかけたりするようなことがあると，子どもがチャレンジをやめようとしていたとしても，自分の気持ちに反してチャレンジしてしまい，それが怪我につながることもあります。要は保育者には，子ども一人一人の判断を「待つ」ということが求められるということです。保育者はその場面で何をすれば子どもが安全で，よりよい活動ができるかを考えることが必要です。子どもが自分でできるようになるまで「待つ」ということも，子どもの安全にはとても重要なことなのです。

ある幼稚園の園庭に面した壁に「遊びのルール」として次の３つが書かれていました。

「てつだわない」＝自分で登れる人はケガをしません。
「けしかけない」＝他の人と比べたりまだ怖いと思っている人に
　　　　　　　　　無理をさせるとケガをします。

「バカにしない」＝「やっぱり途中でやめる」と判断できる人は
弱虫ではありません。無理をしない，無理を
させない。

子どもたちの主体性を大切にし，子どもたちが自らの体と心の声を聞きながら安全に活動するために，保育者が「待つ」ということ，そしてお友だちも互いの自由を尊重していくことが大切なのです。

Episode 3　チャレンジするかしないか，自分で決めたＢちゃん

3歳児のＢちゃんは，園の築山にかかっている丸太の一本橋の端にまたがっていました。目の前にはすいすいと渡っている年長さんの姿がありました。Ｂちゃんはその様子を羨ましそうに見ていましたが，自分は丸太にまたがったままジーッと動かずに考えていました。しばらくして「怖い！」と大きな声で言って，丸太からゆっくりと降りていきました。保育者はＢちゃんが落ちても怪我をしないように支えられるような場所に立って，声をかけずにＢちゃんの判断を静かに待っていました。Ｂちゃんは，「今日はチャレンジしない」という判断をしたのです。お友だちもその判断を黙って見守り，誰もはやし立てたり，バカにしたりする子はいませんでした。

３～５歳の子どもたちは，固定遊具で高いところに登ったり，鬼ごっこや追いかけっこなどルールに基づいて動いて遊んだりすることができるようになってきます。そういった戸外遊びを安全に行うためには，その前に保育者が十分に環境の点検を行う必要があります。固定遊具が安全基準に達しているか，壊れていないか，登るための木の枝が折れそうではないか，といったことは，保育者が事前に調べて排除しておくべき危険，つまり「ハザード」にあたります。それらの危険を十分に排除した上で，子どもはワクワクするような「スリル」を感じながら，「リスク」を負って遊びます。時には小さな怪我をすることもあるかもしれませんが，保育者が重大な危険につながる「ハザード」を排除していれば，大きな怪我にはつながりません。少しの「リスク」を残したチャレンジを重ねていくことで，子どもは次第に自ら危険を回避する力を身につけていくことができるようになっていくといわれています[8]。つまり，保育者の十分な管理がなければ，子どもたちは安全に思い切り遊ぶことができないともいえるのです。子どもたちが自らの体を自在に動かし，危険を回避していくことができるようにするためには，何より保育者の環境

➡8　リスクとハザードについては第6章第3節を参照してください。

設定が重要だといえるのです。

Work 4　固定遊具の危険について考えよう

園庭や公園には，どのような固定遊具があるでしょう？　それらの固定遊具にはどのような遊びができ，どのような危険があるか，考えてみましょう。その遊具で遊ぶ時に，保育者はどのようなことに注意をするべきか，考えてみましょう。

❹ 自然のなかでの遊びで注意したいこと

３～５歳の幼児になると，園庭や近隣の公園だけでなく，遠足や園外活動を通じて豊かな自然のなかでの生活体験をする機会も出てくることでしょう。子どもたちは自然とふれあい，自然を知ることができ，家庭ではなかなか体験させることができない貴重な経験になるはずです。豊かな自然のなかには，同時に危険もたくさんあります。気象の変化，川や海などの水位の変化，毒のある動植物など，事前に訪れる地域で遭遇する可能性のある様々な危険について，事前に想定し，対策を考えておくことが必要になります。

特に「お泊り保育」は夏休みに入るとすぐに行われることが多いのですが，その時期はちょうど気象の変化が激しい梅雨時にあたり，注意が必要です。実際に，幼稚園のお泊り保育で行った川での「水遊び」で，当日の朝まで雨が降っていたのに川の水位が上がることなどの想定や準備が不十分だったことから，５歳男児が流されて死亡したという悲しい事故も起きています[9]。子どもの命を守るのは保育者の最大の使命です。自然のなかでの活動を安全に行うために，保育者は事前に十分な想定，対策，準備を行い，子どもの当日の体調や疲れ具合なども考慮して活動内容を決定し，場合によっては中止する勇気ももたなければならないことも知っておきましょう。

➡9　2012年７月20日，愛媛県西条市にある私立幼稚園の「お泊り保育」中の「水遊び」中に川の水が増水し，５歳児が溺水した事故です。浮き輪やライフジャケットなどの救命装備や準備が何もなかったことが裁判でも明らかになっています（http://eclairer.org）。

Work 5　自然遊びの危険について考えよう

自然のなかには危険な動植物がたくさんあります。植物図鑑や動物図鑑などを参考にしながら，どのような危険な動植物があり，保育者はどこに注意すればよいかについて調べてみましょう。

❺ 異年齢保育を行う際の留意点

異なる年齢の子どもたちが共に生活や遊びを行い，互いに交流することで多様な体験を得られるということから，３～５歳の幼児で「異年齢保育」の実践を行っている園も多くあります。きょうだいの数が少なく，異年齢の子ども同士が一緒に活動する機会が減っているといわれる現代において，年上の子どもにとっては年下の子どもへの思いやりやいたわりが芽生え，年下の子どもたちは年上の子どもへの憧れをもてるなど，多くのメリットが考えられます。

ただし，年齢が異なるということは，子どもたちの発達も異なるということになります。違う年齢の子どもたちが同じ活動をすると，どうしても年齢の幼い子どもには危険になる場合もあります。特に３歳と５歳，といった年齢の離れた子ども同士の活動では，一層の注意が必要になります。保育者が普段から年齢の違う子ども一人一人の発達をきちんと把握し，気持ちを理解して寄り添うことが，同じ年齢の子どもだけで活動する時よりもずっと大切になります。年下の子どもが不用意な怪我をすることがないように気をつける必要があります。もし何か危険なことがあった時には，年上の子どもたちがそれを察して保育者に伝えることができるよう，十分な信頼関係をつくることも必要です。年上の子どもたちに我慢をさせたり，あるいは年下の子どもの世話をするというような無理なことをさせたり，負担と感じるような活動はせず，異年齢の子どもたちそれぞれが楽しく，穏やかに生活できるように努めましょう。

また，全ての活動が異年齢でできるわけではなく，なかには異年齢には適さない活動もあります。特に３歳以上児の死亡事故が最も多いプール活動は，異年齢で行うのは危険です。必ず同じ年齢の子ども同士を入れるようにしましょう。また，普段からあまりかかわったことがない異年齢の子どもたちを，遠足などのイレギュラーな活動の際に急に一緒に活動させるのも危険です。特に３歳と５歳といった年齢の離れた子どもを急に一緒に活動させることは危険がともないます。異年齢の活動は普段の生活を共にすることのなかに意味があり，単純に年上の子に年下の子の世話をさせるねらいで行うのであれば，ただの危険な活動になってしまう場合もあるのです。

Work 6　異年齢の活動にふさわしい遊びを考えよう

3～5歳の子どもにできる遊び，できない遊びを考え，異年齢で一緒に行う活動としてどのようなものができるか，その際，どういった注意が必要か，具体的に考えてみましょう。

3 安全教育

「幼児期の終わりまでに育ってほしい姿」の「健康な心と体」の冒頭に，「自ら健康で安全な生活をつくり出す」と書かれているように，子どもたちが自らの健康に気を配り，安全に気をつけて生活するようにしていくために「安全教育」があります。

幼稚園教育要領解説第2章「ねらい及び内容」第2節1の（10）には，「幼稚園生活の中で，危険な遊び方や場所，遊具などについてその場で具体的に知らせたり，気付かせたりし，状況に応じて安全な行動がとれるようにすることが重要である。さらに，交通安全の指導や避難訓練などについては，長期的な見通しをもち，計画的に指導すると同時に，日常的な指導を積み重ねることによって，安全な交通の習慣や災害などの際の行動の仕方などについて理解させていくことも重要である」（p. 146）と記されています。また，内容の取扱い（6）では，「幼稚園生活の中では安全を確保するために，場合によっては，厳しく指示したり，注意したりすることも必要である。その際，幼児自身が何をしてはいけないか，なぜしてはいけないかを考えるようにすることも大切である」（p. 155）とも記されています。

つまり，普段の生活のなかで行われる保育者の指導によって，子ども自身が安全の習慣や災害時の行動について学んでいくこと，また本当に危険な際には避けるために厳しい注意も必要なこともあるものの，同時に「なぜダメなのか」を子どもたちが共に考えていくような指導をすることが求められています。

近年，特に2011年に起きた東日本大震災の際の津波被災死亡事故など，「学校事故」が注目されていることから，それを防ぐための「安全教育」の重要性がいわれています。しかし，就学前の子どもと学齢期以上の子どもとは違うことを前提に考えなければなりません。小中学校以上の子どもであれば，危険を自分で判断して自ら逃げたり，身を守ったりすることを求めることもできるかもしれませんが，就学前の子どもの安全を守るのは保育者にしかできません。「安全教育」は必要ですが，それを行ったからといって，就学前の子どもが自分で動けるわけではありません。いずれ動けるようになるためのきっかけをつくるのが就学前だと考えるべきでしょう。

幼稚園，保育所，認定こども園の保育者はまず，園の安全対策，防災対策を充実させ，その上で子どもへの「安全教育」を行いますが，園で子どもの命を守る一番の責任は保育者にあり，「安全教育」も全て子どもたちとの信頼関係のなかで行われていくものだと理解しましょう。「安全教育」のための指導の際には，禁止語や叱責を極力なくし，「どうすればケガをしないと思う？」「どうすれば安全かな？」といった問いかけをしながら，子どもたち自身が考えていけるような指導にしていくとよいでしょう。一緒に絵本や図鑑を読んで考えたり，時には地域の警察署や消防署などの力を借りて，災害について具体的に知ることも，子どもたちの安全に対する想像力，思考力を伸ばすことにつながります。

Work 7　子どもたちの身の回りの危険について考えよう

交通事故，災害など，子どもたちが園で生活を行う際に起こり得る危険にはどのようなものがあるでしょう？　子どもたちに対してそれらの危険を伝え，身を守る方法を伝えていくために，どのようなことができるか，具体的にその方策を考えてみましょう。

4　医療につなぐ

幼稚園，保育所，認定こども園では，子どもたちが毎日小さな怪我をすることがあります。いつ，どこで，誰がどのような怪我をしたか，といったことは，必ず記録にとどめておく必要があります。怪我のパターンや，怪我をしがちな子どもが誰なのか，どの時間帯に事故が多いのか，どの場所で怪我が多いのか，といったことを，きちんとデータにまとめていくことで，小さな怪我の先にあるかもしれない大事故を防ぐことができるようになっていくからです。怪我をしなかったけれど，危険につながりそうなものについては「ヒヤリハット」としてやはり同じように記録にとどめておくことが必要です。

「ヒヤリハット」や，小さな怪我などの記録は，「安全のドキュメンテーション」ともいえます。怪我を通して子どもの育ちの姿を捉えていくための重要な記録として，前向きに捉えて作成していく必要があります。

また，保育者は医療者ではありません。子どもの様子が普段とは違う，おかしいなと感じたら様子を見守り，急を要すると判断すれば救急車を呼ぶなどの対応をして確実に医療につなぐことが必要です。救命救急の訓練なども受けることも必要ですが，子どもの呼吸が止まってから重篤な状況になるまでは３分しかありません[10]。その短い時間に保育者ができることとしては，①救急車を呼ぶ，②人工呼吸をする，③胸骨圧迫をする，④ AED を使う，などしかありません。

医療者ではない保育者にできることは，救命救急よりはむしろ，普段の生活のなかで注意を払い，救命救急を行わなくてもよい状態にしておくことと，確実に医療につなぐための判断を行うことです。普段から園内の環境を整え，誤飲や誤嚥の可能性を排除するなどし，子どもとの信頼関係を元に見守りを行い，「普段とは違う」という判断を確実に行うことが重要です。

➡10　呼吸停止時間と蘇生の確率について示したグラフ「ドリンカーの救命曲線」が有名です。呼吸が止まってから２分で90%，３分で75%，４分で50%の蘇生率と時間が経つにつれ，蘇生率は急激に下ります。

子どもたちの命を守るためには，保育者がやるべきことと，子どもたちができることを分けて考えていくとよいでしょう。

保育者がやるべきことには３つあります。

①十分に安全に配慮し，点検を行った上で，ハザードを取り除いた環境設定

②子どもとの信頼関係をベースにした安全教育，指導

③確実に医療につないでいくこと

子どもたちができることは年齢によって違います。０～１歳は完全に保育者が危険を取り除くことが必要で，その時期の言葉かけや信頼関係をベースに，３～５歳の子どもたちが自ら安全について身につけていくことにつながります。

保育者がやるべき3つのことを確実に行うために，何よりも日々の保育を大切に，子どもたちを理解し，信頼関係を築き上げていくことが重要なのです。

Book Guide 

- **日本保育協会（監修），田中浩二『写真で学ぶ！　保育現場のリスクマネジメント（保育わかばBOOKS）』中央法規出版，2017年。**
  写真を多く使って構成されているので，日々の保育のなかのどのような場面に危険が潜んでいるかを具体的に理解できます。写真を見ながら実際の保育の現場をイメージし，危険を察知する力を育てるのに役立ちます。保育実習にのぞむ前に読むとよいでしょう。
- **猪熊弘子『死を招いた保育――ルポルタージュ上尾保育所事件の真相』ひとなる書房，2011年。**
  2005年8月10日に埼玉県上尾市の公立保育所で4歳男児が本棚の下の引き戸の中に入り込み，熱中症で死亡した事件のルポルタージュ。子どもに寄り添わず，ずさんな保育をしていることが事故の要因となり，子どもの命が奪われてしまうことに気づくでしょう。保育そのものを大事にしたいと考えるきっかけになる本です。
- **木村歩美・井上寿『子どもが自ら育つ園庭整備――挑戦も安心も大切にする保育へ』ひとなる書房，2018年。**
  保育環境の研究家と建築士の2人が整備した，安全を考えた上で最大限チャレンジングな園庭を数多くの写真で紹介。子どもたちが自ら安全を身につけ，発達・成長していくためには無計画では「安全」はあり得ないことをうたいつつ，子どもたちがワクワクするような園庭整備の方法について示した本です。

Exercise

本章の最後に示した，子どもの命を守るために保育者がやるべき3つのことについて，おさらいしてみましょう。

①十分に安全に配慮し，点検を行った上で，ハザードを取り除いた環境設定
②子どもとの信頼関係をベースにした安全教育，指導
③確実に医療につないでいくこと
のそれぞれについて，どのようなことができるか，まとめてみましょう。

第 12 章

領域「健康」にかかわる現代的課題と動向

生まれてからわずか 6 年間の間に，生活や遊びを通して，「暮らし」に必要な運動技能のほとんどを獲得していく子どもたちです。この写真のような園庭があったら，どのような遊びのなかで，どのような運動の経験が保障できるでしょうか。

安全な広い場所があれば，子どもたちは安心して走り回れるでしょう。リレーのコースもみられますから，「競争」のおもしろさを味わっているかもしれません。写真の上部には固定遊具もみられますから，自分の体を操作する多様な動きを経験することもできるでしょう。

しかし，園によっては園庭もないところで保育をしています。本章では，子どもの体や健康に着目して，現代には様々な問題があり，乗り越えなければならない保育上の課題があることを押さえましょう。

現代社会は，知識・情報・技術をめぐる変化の早さが加速度的となり，情報化やグローバル化といった社会的変化が，人間の予測を超えて進展するようになってきていることが指摘されています[1]。このような予測困難な時代に，一人一人が未来の創り手となる人材を育成することを目的として，2017年に，保育所保育指針，幼稚園教育要領，小中の学習指導要領，幼保連携型認定こども園教育・保育要領の改定（訂）が告示されました。

本章では，領域「健康」にまつわる現代的課題について概観していきます。

1　文部科学省「新しい学習指導要領の考え方――中央教育審議会における議論から改訂そして実施へ」2017年。

1　子どもの遊びと「幼児期の終わりまでに育ってほしい姿」

2017年の改定（訂）では，乳幼児期から高校教育まで一貫して育みたい資質・能力として，「知識及び技能（幼児期までは知識及び技能の基礎）」「思考力，判断力，表現力等（幼児期までは思考力，判断力，表現力等の基礎）」「学びに向かう力，人間性等」の３つの柱が示されたことが重要なポイントとなっています。そして，３つの資質・能力の育ちを５歳児後半にみられる幼児の姿に即して示したものが「幼児期の終わりまでに育ってほしい姿（10の姿）」であり，具体的には，「健康な心と体」「自立心」「協同性」「道徳性・規範意識の芽生え」「社会生活との関わり」「思考力の芽生え」「自然との関わり・生命尊重」「数量や図形，標識や文字などへの関心・感覚」「言葉による伝え合い」「豊かな感性と表現」といった「10の姿」が明示されています。

「10の姿」は，乳幼児期の活動全体（各領域のねらいや内容に基づく教育活動）を通して育っていく姿を示したものであり，例えば「健康な心と体」や「自立心」を育むための活動について考えるといったように，幼児期の教育の達成目標として示されているものではないことに留意しなければなりません。一方で，「幼児期の終わりまでに育ってほしい姿」を踏まえた教育課程を編成することや教育課程の実施状況を評価して，その改善を図るためのカリキュラムマネジメントが求められる[2]など，日頃の保育実践やそれにともなう子どもの育ちを振り返るための重要な指標の一つとして位置づけられています。

2　無藤隆（編著）『幼児期の終わりまでに育ってほしい10の姿』東洋館出版社，2018年。

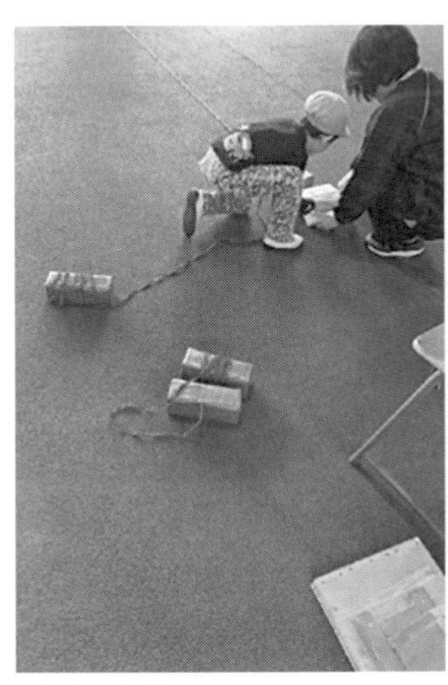

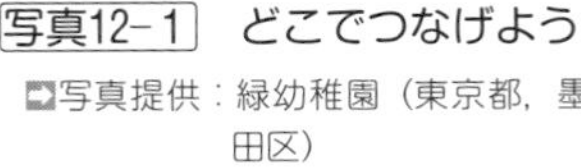

写真12-1　どこでつなげよう
➡写真提供：緑幼稚園（東京都，墨田区）

写真12-2　準備完了
➡写真提供：緑幼稚園（東京都，墨田区）

写真12-1，写真12-2は保育者が準備した教材（牛乳パックとゴム紐をつなぎ合わせ，ドッジボールのラインが子どもでも引けるように工夫したもの）を活用して，コートの準備をする年長児の姿です。子どもは，「コートの大きさをどの程度にするのが適当なのか」「そのためにはどこからどこまで牛乳パックを設定すればよいのか」などについて試行錯誤しながら準備を進めています。ドッジボールといえば，ダイナミックに体を動かす活動というイメージが強く，10の姿で示されている「健康な心と体」に関係する経験として着目されがちですが，保育者の工夫により，「数量や図形，標識や文字などへの関心・感覚」にまつわる豊かな経験を含む活動へと広がりをみせます。

ドッジボール終了後に子どもへ感想を聞く活動では，「自分が投げようとするとパスを求めてくる人（外野の人）がたくさんいて困った」というある幼児の発言をきっかけとして，「なぜみんなパス，パスというのだろう？（パス，パスという人の気持ちを考えてみる）」，「どうしたら問題は解決するのか？（答えは一つではない）」といったテーマ（幼稚園教諭が設定）について，活発な意見交換がなされていました。「10の姿」でいえば，「協同性」「道徳性・規範意識の芽生え」「言葉による伝え合い」「豊かな感性と表現」などが刺激されているといえるでしょう。

このように，保育者が準備した環境や援助（働きかけ）により，子どもは遊びのなかで多様な経験を深めていきます。ドッジボールという遊びが楽しいから，子どもは主体的に準備に取り組み，活動後の意見交換も活発になります。一方で，自分で準備をする，ゲーム後に友だちの気持ちを聞く（知る），自分の考えを伝えるといった多様な経験がドッジボールへの関心や意欲を高めているといった側面もあるはずです。活動のなかに様々な「10の姿」が子どもの様子としてみられることは，遊びとしてその活動が充実していることの現れであるといえるでしょう。

2　小学校教育との接続

乳幼児期より18歳まで一貫して「知識及び技能（幼児期までは知識及び技能の基礎）」「思考力，判断力，表現力等（幼児期までは思考力，判断力，表現力等の基礎）」「学びに向かう力，人間性等」の３つの柱を育むという国の方針と軌を一にするように，2017年改訂の幼稚園教育要領では，改訂以前に「第３章　指導計画及び教育課程に係る教育時間の終了後等に行う教育活動などの留意事項」のなかで取り扱われていた小学校教育との接続に関する事項が，「第１章　総則　第３　教育課程の役割と編成等」のなかに，「小学校教育との接続に当たっての留意事項」の項目として位置づける変更がなされました。また，小学校学習指導要領「第１章　総則」の「第２　教育課程の編成」の４（１）には，「幼児期の終わりまでに育ってほしい姿を踏まえた」といった文言が明記され，双方がその接続を意識して教育を展開することの重要性が強調されています。

では，指導場面では具体的にどのようなことが課題になってくるのでしょうか。ここでは，運動指導を例にとって，小学校教育との接続の問題を考えてみたいと思います。

山本[3]は，自身の小学校教員としての経験を振り返り，小学校低学年における体育科の重点課題に「マットを使った運動遊び」「鉄棒を使った運動遊び」「跳び箱を使った運動遊び」「もぐる遊び」を挙げています。その理由として，小学校の教員が指導に苦手意識をもちやすい「器械運動」や「水泳運動」へつながる小学校低学年での重要な経験となる可能性が高いことを述べています。さらに，幼稚園では運動遊びとして，「逆さ感覚に慣れる」「両腕支持で自分の体

➡3　山本悟「小学校低学年体育授業につながる幼稚園教育運動遊びのあり方を考える――改訂小学校学習指導要領解説　体育編指導事例を中心に」『児童教育実践研究』12(１)，2019年。

写真12-3　まずはこの高さから

➡写真提供：東松幼稚園（埼玉県，東松山市）

写真12-4　大きなライオンに挑戦！

➡写真提供：東松幼稚園（埼玉県，東松山市）

を支えることができる」「水に顔をつけて息をこらえることができる」といった経験の重要性を指摘しています。

写真12-3，写真12-4では，幼児が跳び箱の台上から逆さまに降りている様子を確認することができます。子どもは「ライオン」になりきり，「岩の上からライオンが降りる」イメージで遊んでいます。遊びのなかで子どもが経験する動きには「両腕で自分の体を支える」「逆さ感覚に慣れる」といった要素が含まれています。両腕で自分の体を支えることに慣れていなければ，跳び箱を跳ぶことは難しいでしょうし，ライオンごっこで経験する頭を下にする感覚は鉄棒での逆さ感覚に慣れることへつながる部分があるはずです。

そういった意味では，ライオンごっこを繰り返して遊ぶ子どもの経験は，山本が指摘するように，小学校での「器械運動」につながることが推察されます。

しかしながら，多くの保育者は，この遊びが小学校での「器械運動」のベースとなっている（つながっていく）という意識をもち合わせているわけではないと思います。また，小学校の授業で「器械運動」をスムーズに展開させるために幼児期の運動遊びを行っているわけではないという考え方もあります。

一方で，小学校教育との接続を通して子どもの発達を支援していく視点が強調されたということは，幼児期に経験している内容が小学校でのどのような学習につながっていく可能性があるのかについて，その見通しをもちながら子どもとかかわり，経験の質を深めたり広げたりすることのできる力がより一層保育者へ求められているともいえます。同様に，小学校教諭には，前述したように，「幼児期の終わりまでに育ってほしい姿」を踏まえた教育を展開する力が求められるようになっています。

このような状況のなか，研究保育や研究授業へ参加するなかで相互に学びあう機会をさらに増やし，地域や学校の実情にあわせた小学校教育との接続の在り方に関するモデルケースを積み重ねていくことが，今後の課題となるでしょう。

3　子どもの経験と安全管理

「近年の子どもは，屋外でダイナミックに体を動かす経験が少なくなり，自身の体を十分にコントロールすることが難しくなってきているのではないか」といった保育者の実感が少なからずあるようです。例えば，「転んでも手が出ない」「鬼ごっこでの衝突が多い」「階段をスムーズに降りることができない」といった子どもの姿として語られています。

幼稚園教育要領等では「遊びを通して安全についての構えを身に付け」ることの重要性が指摘されています。子どもが「危ない」と肌で感じる経験を通してこそ，それらへ対処するための構えや，危険性を見通して回避する能力が育まれる可能性が高いことを考えれば，保育者は「子どもの危険にまつわる体験」を避けて通ることはできません。一方で，「子どもの危険にまつわる体験」を保障した結果として「子どもの怪我」につながってしまった時の責任問題が頭をよぎることも事実でしょう。

では，保育者は子どもの遊びにまつわる危険性についてその経験の範囲をどのように考え，判断していけばよいのでしょうか。第6章，第11章では，遊びにまつわる危険性を「リスク」と「ハザード」に分けて捉える考え方が紹介されています。第6章，第11章でも述べられているように，リスクとハザードの境界は一様に決められるものではなく，子どもの能力や経験値により変化するものです。ある子どもにはリスクとして許容できる範囲（川遊びの場合は水深，川の流れ，水温等）が他の子どもにはハザードとなる場合もあるため，保育者には子どもの運動能力や危険回避能力，行動特徴などを含めてその経験がもつ意味を総合的に判断することが求められていることになります。

子どもは保育者に見守られながら，小さなリスクへの対応を学ぶ

表12-1　物的ハザードと人的ハザードの例

物的ハザードの例：	主に遊具の配置や構造，維持管理の状態に起因するもの。 遊具の腐食や経年による劣化，ねじの緩みの放置など。
人的ハザードの例：	主に子どもの服装や不適切な遊具の利用に起因するもの。 絡まりやすい紐のついた衣服，脱げやすい靴，ふざけて押す，動いている遊具に近づくなど。

出所：国土交通省『都市公園における遊具の安全確保に関する指針（改訂第2版）』2014年より筆者作成。

経験を積み重ねることを通して，自身で危険を予測し，事故を回避できる能力を育んでいくのです。

ハザードは，物的な要因と人的な要因に区別できると考えられています（表12-1）。

物的ハザードに対しては，遊具の定期的な点検や登園前のチェックを行うなど，保育者の安全管理が求められます。人的ハザードについては，保護者への情報伝達や注意喚起，子どもと共に遊び方を確認するなど日頃の安全教育による対処が中心となるでしょう。

日常の保育のなかで，ヒヤリとしたこと，ハッとした経験，実際に起こった事故などをもとに「ハザードマップ」を作成し園での情報を共有できるようにするとよいでしょう。事故や怪我の予防を目的としたハザードマップの作成や活用は，特に経験の浅い保育者には効果的であると考えられます。例えば，「園庭」「保育室」「散歩コース」ごとにマップを作成し，「過去のヒヤリハット」「メディアで報じられた事故の事例」「研修で得た知識」などの情報を付箋等で貼りつけることにより，留意しなければならないポイントを見渡せるようになる可能性も高まります。園の状況によっては，危険度に合わせて付箋の色を変えたり，時間情報を加えることも考えられます。

また，Plan（園の安全管理に関する方針や目標値を定める），Do（事故が起きた際の要因，実際判断や対処），Check（ヒヤリハットや事故情報の共有と原因分析），Action（評価を含めた安全管理体制の改善）といったいわゆるPDCAサイクルを構築していくこともハザードに対する効果的な手立ての一つとして推奨されています。一方，PDCAサイクルは，製品の品質を向上させることに焦点を当てた管理手法といった側面が強く，条件が変化する環境ではその効力を十分に発揮できない可能性が高いといった指摘もなされています。近年では，「OODA（ウーダー）ループ」といった考え方が行動経済学や心理学の分野で注目されています。「OODA ループ」は，Observe（観察），Orient（分かる，解る），Decide（決める），Act（動く），Loop（見直す）といった5つのプロセスから構成されており，条件が変わっていく環境で有効に機能するという特徴をもっているようです。まずは，Observe（観察）から入るといった点は保育との親和性も高いように感じられます。

4　福島県の子どもの現状とこれから

近年の福島県の子どもの体力・運動能力は，東日本大震災を経験した2011年より全体としては改善傾向が認められています（図12-1）。震災以降，福島県には多くの研究者や NPO 団体等が現地に入り直接的な支援が続けられ，地域自治体との協同も含めて子どもの生活や遊び環境を整えるための様々な方策が展開されてきました。そのなかでも屋内遊び場の充実に向けた取り組みが特に目を引く内容となっています。例えば，震災を契機に設立された「ふくしま子ども支援センター」は，福島県内の「屋内遊び場マップ」を作成し，

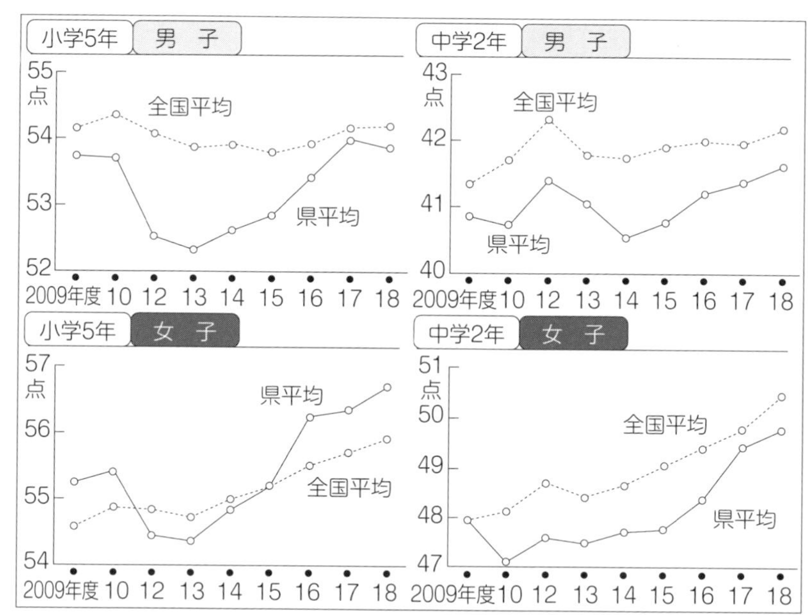

図12-1　全国体力・運動能力テスト平均点の推移

注：2012年度までは抽出調査。11年度は東日本大震災のため未実施。
出所：福島民友新聞みんゆう Net「福島県『地域差』浮き彫り　全国体力テスト，きめ細かな対策を」（2018年12月21日付）。

図12-2　福島県内の「屋内遊び場マップ」

出所：ふくしま子ども支援センターより一部抜粋。

屋内での親子遊びを推進しています（図12-2）。また，「福島県子どものこころのケア事業」の一環として，「乳幼児のこころとからだを育む運動遊び」講習会を年に数回開催するなどし，運動遊びの指導者養成に力を注いでいる様子もみられます。その他にも，福島県私立幼稚園協会主催による「元気アップ支援事業」，福島県と子ども環境学会のコラボレーションによる「ふくしまっこ遊び力育成プログラム」など，自治体，地域住民，研究者，NPO 団体等による多くの試みがみられます。

震災から9年が経過した現在，福島県の子どもの体力がそれほど大きな問題となっていない背景には，このような地道な努力の積み重ねがあるということができるでしょう。

一方，福島民友新聞の記事（2018年12月21日付）には，県内6地区別の体力合計点が，1位の南会津地区と最も低い相双・いわき地区の差が小5女子で6.22ポイント，小5男子で5.76ポイントといずれも昨年度より拡大していることが取り上げられ（表12-2），子どもの体力向上に向けて，地域の実情に応じたきめ細かな対策が求められています。「プレイリーダー等のスタッフが配置されている屋内遊びが少数であること」「屋内遊び場に関する研究が十分に積み上がっていないこと」といった問題点も指摘されています。[4]

東日本大震災以降，相双・いわき地区が下位となる傾向が続いて

4　長野康平ほか「福島県の屋内遊び場に関する研究——屋内遊び場の物理的・人的環境の実態及びプレイリーダーのいる屋内遊び場における子どもへの身体的効果」『こども環境学研究』13(3)，2017年，pp. 272-278。

表12-2　2018年度全国体力・運動能力，運動習慣等調査結果【地区別体力合計点】

	小学校5年生男子	小学校5年生女子	中学校2年生男子	中学校2年生女子
全国平均	54.21	55.90	42.18	50.43
県平均	53.88	56.64	41.62	49.76
県北	54.29	56.45	41.37	49.92
県中	53.43	56.40	41.54	49.77
県南	54.62	57.59	42.20	50.92
会津	55.18	58.14	41.72	50.47
南会津	58.90	61.99	44.57	51.17
相双・いわき	53.14	55.77	41.80	48.73

出所：福島県教育委員会公表資料。

いる現状を踏まえ，福島県教育委員会が，児童の体力や運動能力向上を図るモデル校に南相馬市の小高小学校と小高幼稚園を指定し，東京女子体育大学との連携による，効果的な運動方法を検討していることも報告されています[5]が，原発事故の事後処理が当初の計画から大幅に後退し，思うままに進んでいない状況があるなか，今後も福島県の子ども（特に相双・いわき地区の子ども）の動向を注視し，少しでも豊かな環境のなかで心身を育んでいくことができるような援助を継続していくことが大切です。

5　福島民友新聞みんゆうNet「福島県『地域差』浮き彫り　全国体力テスト，きめ細かな対策を」2018年12月21日付。

東日本大震災を契機として試行され，蓄積されてきた経験や知見は，福島の保育ばかりではなく，現代的な保育課題（園庭を確保することが難しい園での屋内遊びの展開，保育現場と地域との連携等）の解決に向けたモデルケースとして多くの園に還元され，活用されていくことも期待されています。

Book Guide 

・**無藤隆（編著）『幼児期の終わりまでに育ってほしい10の姿』東洋館出版社，2018年。**
2017年の幼稚園教育要領，学習指導要領の改訂に際して，文部科学省中央教育審議会委員，初等中等教育分科会教育課程部会長などを務め，改訂にかかわる中心人物の一人である無藤が編者としてまとめた書籍です。これからの社会のなかで幼児教育が期待されている役割や位置づけといった総論的な内容を踏まえ，「幼児期の終わりまでに育ってほしい姿（10の姿）」を保育のなかでどのように活用していくことが望まれているのかについて，事例を基に詳細な解説が展開されています。子どもの育ちを「10の姿」を参考として見取っていく際にもとても参考になる内容となっています。

・**遠藤登『保育救命――保育者のための安心安全ガイド』メイト，2016年。**
園長として勤務していた園で保育中に心肺停止した子どもを救えなかった経験を機に園長を辞職。現在は，子どもを守り，保育を守るためのリスクマネジメント研修や保育中の事故分析，安全管理などを仕事としている著者の書籍です。「リスクを小さくし，子どもの学びを最大にしていくリスクマネジメント」を理念として執筆されています。イラストとともに具体的な実践例が多く掲載され，保育現場における子どもへの具体的な対応や留意点をイメージしやすい内容になっています。

《執筆者紹介》（執筆順，担当章）

渡邉英則（わたなべ・ひでのり）はじめに，第7章
編著者紹介参照。

河邉貴子（かわべ・たかこ）第1章
編著者紹介参照。

吉田伊津美（よしだ・いづみ）第2章
現　在　東京学芸大学教授。
主　著　『保育内容　健康（乳幼児教育・保育シリーズ）』（共編著）光生館，2018年。
『演習　保育内容　健康——基礎的事項の理解と指導法』（共編著）建帛社，2019年。

横井紘子（よこい・ひろこ）第3章，第8章
現　在　十文字学園女子大学准教授。
主　著　『保育内容　言葉（乳幼児教育・保育シリーズ）』（共著）光生館，2018年。
『事例で学ぶ保育内容〈領域〉健康（新訂）』（共著）萌文書林，2018年。

大柴由紀（おおしば・ゆき）第4章，第9章
現　在　清里聖ヨハネ保育園管理栄養士。

杉原　隆（すぎはら・たかし）第5章
現　在　一般財団法人田中教育研究所理事長。
主　著　『生涯スポーツの心理学——生涯発達の視点からみたスポーツの世界』（編著）福村出版，2011年。
『幼児期における運動発達と運動遊びの指導——遊びのなかで子どもは育つ』（共編著）ミネルヴァ書房，2014年。

朴　淳香（ぼく・じゅんこう）第6章
現　在　静岡県立大学短期大学部教授。
主　著　『子どもの元気を取り戻す　保育内容「健康」——乳児期から幼児期の終わりまでを見通して』（共著）杏林書院，2017年。
『保育と幼児期の運動あそび』（共著）萌文書林，2018年。

鈴木康弘（すずき・やすひろ）第10章，第12章
編著者紹介参照。

猪熊弘子（いのくま・ひろこ）第11章
現　在　ジャーナリスト，名寄市立大学特命教授。
主　著　『子どもがすくすく育つ幼稚園・保育園——教育・環境・安全の見方や選び方，付き合い方まで』（共著）内外出版社，2018年。
『重大事故を防ぐ園づくり——研修＆実践＆トレーニング』（共著）ひとなる書房，2019年。

《編著者紹介》

河邉貴子（かわべ・たかこ）
現　在　聖心女子大学教授。
主　著　『新３法令対応　幼児教育・保育カリキュラム論』（編著）東京書籍，2019年。
『遊びの中で試行錯誤する子どもと保育者――子どもの「考える力」を育む保育実践』（共監修）明石書店，2019年。

鈴木康弘（すずき・やすひろ）
現　在　十文字学園女子大学教授。
主　著　『０−５歳児の　毎日できる！　楽しい運動あそび大集合――発達のねらいを押さえて心と体が育つ』（単著）学研プラス，2017年。
『保育と幼児期の運動あそび』（共著）萌文書林，2018年。

渡邉英則（わたなべ・ひでのり）
現　在　ゆうゆうのもり幼保園園長，港北幼稚園園長。
主　著　『子どもを「人間としてみる」ということ――子どもとともにある保育の原点』（共著）ミネルヴァ書房，2013年。
『保育原理（アクティベート保育学）』（共著）ミネルヴァ書房，2019年。

新しい保育講座⑦
保育内容「健康」

2020年４月30日　初版第１刷発行　〈検印省略〉
2022年２月20日　初版第３刷発行

定価はカバーに
表示しています

編著者　河邉貴子
　　　　鈴木康弘
　　　　渡邉英則
発行者　杉田啓三
印刷者　藤森英夫

発行所　株式会社　ミネルヴァ書房
607-8494　京都市山科区日ノ岡堤谷町１
電話代表　(075)581−5191
振替口座　01020−0−8076

亜細亜印刷

ISBN978-4-623-08533-0
Printed in Japan